铁路工程施工安全与案例分析丛书

铁路路基工程施工安全与案例分析

黄守刚　主编

中国铁道出版社

2011年·北京

内 容 简 介

与隧道工程和桥涵工程相比，路基工程施工安全风险相对较低，但由于容易被施工人员忽视，其安全问题依然突出。本书以《铁路路基工程施工安全技术规程》为指导，通过大量典型案例系统分析了铁路路基工程施工中的安全技术知识。通过配备大量插图将内容化繁为简，使读者能快速直观掌握路基工程施工安全知识，增强安全意识，提高安全技术水平。

本书不仅适合于铁路工程管理与技术人员、安全专职人员参考阅读，也适合于广大铁路工人自学。

图书在版编目(CIP)数据

铁路路基工程施工安全与案例分析/黄守刚主编.
—北京：中国铁道出版社，2011.7
(铁路工程施工安全与案例分析丛书)
ISBN 978-7-113-13025-1

Ⅰ.①铁… Ⅱ.①黄… Ⅲ.①铁路路基—铁路工程—工程施工—安全技术 Ⅳ.①U213.1

中国版本图书馆 CIP 数据核字(2011)第 105615 号

书　　名：铁路工程施工安全与案例分析丛书
铁路路基工程施工安全与案例分析
作　　者：黄守刚　主编

责任编辑：徐　艳　　**电　　话**：010-51873193
封面设计：崔丽芳
责任校对：张玉华
责任印制：李　佳

出版发行：中国铁道出版社(100054，北京市宣武区右安门西街 8 号)
网　　址：http://www.tdpress.com
印　　刷：北京市昌平开拓印刷厂
版　　次：2011 年 7 月第 1 版　　2011 年 7 月第 1 次印刷
开　　本：787 mm×1 092 mm　1/16　印张：7.25　字数：173 千
书　　号：ISBN 978-7-113-13025-1
定　　价：19.00 元

编写委员会

主　编：黄守刚（石家庄铁道大学）

副主编：秦　凯（中铁十三局集团）　梁爱国（中铁十九局集团）

张金柱（中铁十二局集团）　康拥政（石家庄铁道大学）

委　员：邓汉权（中铁二十五局集团）　郭法生（中铁四局集团）

高俊青（中铁二十一局集团）　李培安（中铁二十局集团）

徐宝域（中铁二十四局集团）　张云峰（中铁四局集团）

曹万玲（中铁二十局集团）　谢安荣（中铁二十五局集团）

廖柳红（中铁二十五局柳州公司）　夏润禾（中交第二公路工程局有限公司）

刘　斌（中铁十一局集团）　黄基富（中铁八局集团）

李占先（中铁十四局集团公司）　王四虎（中铁十五局六公司）

亢新华（中铁一局集团）　严少发（中交隧道工程局有限公司）

杨先权（中铁大桥局集团）　王维新（中铁十八局集团）

潘建华（中铁二十二局集团）　王立广（中交隧道工程局有限公司）

黄旭升（中铁十八局集团）　王善高（中交隧道工程局有限公司）

吴景龙（石家庄铁道大学）　李永华（河北交通职业技术学院）

李艳菊（河北省住房与城乡建设厅执业资格注册中心）

前　言

随着国家大规模铁路建设的展开，铁路建设投资大幅增加，施工任务重，工期紧，存在大量高处、野外、深水作业，流动性大，机械调动频繁，新工人比例高、安全意识相对较差，再加之新技术新标准的大量采用，因此铁路建设安全风险比以往更高，铁路建设安全管理任务艰巨。为适应当前的铁路建设安全形势，我们编写了铁路工程施工安全与案例分析丛书。

本丛书包括9个分册，涵盖桥涵、隧道、轨道、路基、营业线、地铁、施工机械作业、铁路工程建设安全生产管理及施工现场事故防范与处理。该系列丛书以现行铁路工程各专业施工安全技术规程为指导思想，结合铁路建设安全知识需求的实际情况，通过400余个安全案例，深入浅出地阐述了铁路工程（含地铁）各专业的施工安全管理、技术和措施的一些基本知识。各分册均配备了大量的插图，将安全知识化繁为简，书籍可读性强，使读者能快速直观掌握铁路工程施工安全基本知识，增强施工安全意识，提高安全施工技术水平。

本丛书在编写和审定过程中，奋斗在铁路建设一线的专业技术人员提出了很多宝贵意见，提供了大量的素材，在此一并表示感谢。由于作者水平有限，且时间仓促，书中难免有不足之处，敬请读者指正并提出宝贵意见。

编者

2011年6月

目　录

第一章　路基工程施工安全概述

第一节　路基的特点

一、普通铁路路基的特点

路基施工包括路堑、路堤土石方、防排水设施、挡土墙等防护加固构筑物以及为修建路基而作的改移河道、道路等。其中路基土石方工程是最主要的，它包括路堑工程的开挖、路堤工程的填筑、路基的平整工作，包括平整路基面、整修路堑（路堤）边坡、平整取土坑等。而有关防排水方面的工程，由于项目众多且较为零星，往往受到忽视。但是防排水是保证路基主体工程得以稳固的根本措施，因此必须妥当安排、保证质量。

【案例】两伊铁路伊敏索木车站在修建过程中，存在路基排水不畅的情况（图 1-1），既影响路基质量，又影响安全。

图 1-1　路基排水不畅

路基施工时的基本操作是挖、装、运、填、铺、压，虽然工序比较简单，但通常需要使用大量的劳动力及施工机械，并占用大量的土地，尤其是重点的土方工程往往会成为控制工期的关键工程。修筑路基时常会遇到各种复杂的地形、地质、水文与气象条件，给施工造成很大的困难。因此，路基施工决非一般人所想象的那样简单，对此不能有任何轻视之意。要得到满意的路基工程施工质量，必须严密组织，精心施工。

概括地说，路基施工具有如下特点。

1. 工程量大

俗话说，路基工程就是“土石方大搬家”。一条新建铁路的路基土石方工程量往往达到千万立方米。有关资料表明，每公里新建铁路的路基土石方数量：平原为 0.8 万～4.5 万 m^3，丘陵/山岳为 4.5 万～8.5 万 m^3，困难山区为 8.5 万～13.5 万 m^3。路基工程占总投资的比例很高，占用土地的土地量最多，使用劳动力的数量也较多。

当然，随着技术的发展及施工水平的不断提高，许多高填、深挖的路基工程将逐渐为桥、隧结构物所取代，这样既可提高线路质量，又可减少养护工作，有利于运营。另外，随着机械化施工水平的提高，劳动力需求的绝对数量也会下降。

2. 地形复杂多变

铁路线路绵延成百上千公里，因此路基工程必然会遇到众多复杂的自然环境。面对各种地形、地质所带来的各种施工困难，如果在施工中处理不当，就会给日后铁路运营遗留无穷隐患。

3. 施工质量难以控制

路基工程是以土、石松散体为建筑材料的，材料特性千差万别，较难准确掌握，因此施工质量的控制也更为复杂。

4. 施工条件差

路基施工是野外作业，特别是边远山区自然条件差，运输不便，物资设备的供应及施工队伍的调度极为困难，加上路基工地分散，工作面狭窄等，易使一般的技术问题变得复杂化。某些复杂的技术问题，更是难以用一般常规的方法和经验加以解决。此外，在路基施工中还存在场地布置难、临时排水难、用土处置难、土基压实难等不利因素。

二、高速铁路路基的特点

高速铁路行车速度快、技术标准高、对路基的要求严格。控制路基变形已成为高速铁路路基的最大特点。因此，高速铁路路基与普通铁路路基有着本质的区别。其不同之处表现在控制路基变形、路基刚度的均匀性和在列车运行及自然条件下的稳定性以及施工组织与控制难度大共四个方面。具体来讲，高速铁路路基具有如下几个方面的特点。

1. 路基变形控制

高速铁路对轨道的平顺性提出了更高的要求，对轨道不平顺管理标准要求非常严格。路基是铁路线路工程的一个重要组成部分，是承受轨道结构重量和列车荷载的基础，也是线路工程中最薄弱、最不稳定的环节。路基几何尺寸的不平顺，必然会引起轨道的几何不平顺。因此，高速铁路路基除应具备一般铁路路基的基本性能之外，还需要满足高速铁路轨道对基础提出的性能要求，不仅要求静态平顺，而且还要求在动态条件下平顺。

2. 路基刚度的均匀性

列车速度越高，要求路基的刚度越大，弹性变形越小。弹性变形过大，高速运行就得不到保证，就像车辆在松软的沙滩上无法快速行驶一样。当然，刚度也不能过大，过大了会使列车振动加大，也不能做到平稳运行。路基刚度的不平顺会给轨道造成动态不平顺。研究表明，由刚度变化引起的列车振动与速度的平方成正比。列车速度越高，刚度变化越剧烈，引起列车振动越强烈。路基刚度的均匀性差，轻则使旅客舒适度降低，重则影响列车运行安全。所以，要求路基在线路纵向做到刚度均匀、变化缓慢，不允许刚度突变。

3. 列车运行及自然条件下的稳定性

在列车运营时，路基不仅要承受轨道结构和附属构筑物的静荷载，还要承受列车荷载的长期反复作用。同时，由于路基直接暴露在自然条件下，需要抵抗气温变化、雨雪作用、地震破坏等不良因素的影响。路基工程必须在这些条件的长期作用下保持其强度不会降低、弹性不会改变、变形不会加大，真正做到长寿命、少维修。只有这样，才能高速行车，减少维修费用，并增加运行的安全性。

针对以上几点要求，目前的普通铁路是不能满足的。因此，高速铁路必须在路基结构、路基材料及施工工艺等方面采取一系列与普通路基不同的技术标准才能实现，集中体现在强度高、刚度大的路基基床，沉降小或没有沉降以及沿线路方向平缓变化的刚度等三方面。

4. 施工特点

与一般铁路工程的施工相比，客运专线路基施工具有如下特点：

(1)工程质量要求高，工后沉降控制严。客运专线的高平顺性决定了路基工程必须质量高，客运专线采用无砟轨道，对路基工程的工后沉降和沉降差控制更严。

(2)填土高度增加。为了减少横向交通干扰，必须在高速铁路下设置行人和车辆行走设施。对于山岭重丘区，可利用地形布置天桥式横穿道，对于平原区，则只能以提高路基填土高度来满足设置下穿式通道的要求，其填土高度一般都在 4 m～5 m 以上。由于填土高度增加，路基本体发生过大的和不均匀沉降变形的可能性增大，而客运专线对路基的变形控制非常严格，因此必须相应提高填料的性质、含水率、压实标准等指标要求。

(3)取土、弃土的矛盾较突出。当路线通过山区和丘陵区时，由于线形标准的提高，设计时很难准确考虑土方的填挖平衡，有可能增大借土或弃土的数量，或者带来铁路用地范围的扩大，给工程施工造成困难。

(4)客运专线跨越不同地区，工程地质极为复杂，很难实现在短时间内使路基变形趋于稳定，控制工后沉降，必须采取措施和预留 6～18 个月沉降期，预留沉降期越长越有利。由于高速铁路线形的重要性，路线通过特殊地质条件的机会较多，在山区，通常会遇到大的滑坡体、泥石流及稻田、水库等情况；在冲积平原和三角洲地区，会遇到大面积的深层软土地基。对于以上情况，在工程施工中就要求采取特殊的施工工艺。

(5)路线中的桥涵和通道等特殊工程多。高速铁路一般采取全封闭的方式，以保证列车的快速通行和安全行驶。为解决高速铁路与地方交通的关系，以及广大农村生活、耕作、灌溉等问题，就需要增设较多的桥涵及通道等特殊构造物，这就给施工增加了困难，如施工中需要修筑更多的施工便道；对路桥(涵)过渡段填土的压实标准要求也较严格。

(6)路基边坡的技术要求高。在高速铁路上，为了行车的舒适和安全，对路基边坡的稳定性和线形的美化程度均有较高的要求。路基边坡的防护和加固工程较多，其施工的技术要求和美学要求也较高。

(7)高速铁路建设项目繁多，工程投资巨大，任务艰巨，工期要求紧，质量要求高，这就使路基施工的组织与管理更加严格。路基工程自身有地基处理、路堤填筑、路堑开挖，支挡结构、边坡防护、路基排水及相关工程项目，是一个相互制约、相互影响的系统工程。要在施工过程中实现优化施组、科学管理存在一定的难度。由于路基施工系野外作业，受水文、气候、地质等自然条件的影响很大。特别是雨季和冬季，给一些地区的施工增加了许多困难，施工作业受到极大限制，甚至无法进行。另外，路基工程是线形建筑物，施工面狭长，流动性大，临时工程多，施工易受到其他工程和外界的干扰，施工管理工作量大。在施工过程中，路基工程直接影响桥梁架设和轨道工程的施工，故而路基工程工期相当紧。

(8)路基施工机械化程度高，各种新工艺、新材料、新技术得到广泛应用，对工程技术人员提出了巨大的挑战。

高速铁路路基的上述特点决定了它的施工规律，只有研究并遵循这些规律，科学地组织高速铁路施工，才能圆满地完成施工任务。

第二节 路基施工技术简介

一、路基施工准备

要保证工程项目能够如期高质量地完成，任何一项工程在正式开工前，都必须做好必要的施工准备工作。路基施工前，必须根据工程的实际情况做好组织准备、物资准备和技术准备工作，使各项施工活动能正常进行。在施工过程中，所有的施工活动都必须严格按照有关规定规范进行，以确保工程质量，最后得到质量优良的路基实体。

开工前的组织准备工作主要是建立健全工程管理机构和施工队伍，明确各自的施工任务，制定施工过程中必要的规章制度，确定工程应达到的目标等。组织准备是其他准备工作的开始。

路基施工要消耗大量的人工、材料和机具，因此开工前应进行所需材料的购进、采集、加工、调运和储备工作，同时要检修或购置施工机械，做好施工人员的生活、后勤保障准备。劳动力、机械设备和材料的准备工作是路基施工组织计划的重要组成部分。

路基施工前的技术准备工作包括施工调查、核对设计文件、线路复测、清理施工场地以及试验段施工等工作，同时应做好施工防排水工作。此外，路基土石方调配方案，也须在开工前做好。

二、土石方调配

为了有成效地组织路基施工，首先要解决的是土石方的调配问题。所谓土石方调配就是要解决从路堑里挖出来的土应该运到哪里去，路堤上需要的土应该从哪里运来的问题。

(一)路基横断面面积的核算

计算路基土石方数量必须先求出路基横断面的面积。对于地面比较平坦规则的断面，可将其分成矩形、梯形、三角形分别计算。对于不规则地面的断面，通常采用两脚规量算法，可以较快地求出面积。

利用两脚规量算路基横断面面积时，一般每个断面应量两次，取其平均值，并且两次数值的差不得超过断面面积的2%，否则应重新量算。

(二)土石方工程量的核算

计算线路土石方工程量的方法通常有两种，即平均断面法和平均距离法。由于施工现场的地形千变万化，路基横断面积的数值也随之不断变化，因此在实际工作中常常采用平均距离法计算土石方工程量。

(三)土石方的调配原则

从路堑挖出的土壤，一般应尽量利用来填筑路堤，称为移挖作填，是路基工程的一个重要特点。在考虑经济效益时，应争取最大限度的移挖作填，最大限度地降低施工工程量。土石方调配就是解决这一问题的工作。

应该特别引起注意的是，路基土石方工程的施工工程数量并不取决于路基建筑几何体积的计算，而是取决于路基土石方调配方案。因此，在正式开工前做好最优的土石方调配工作，可以大大减少工程造价。

在进行土石方调配的规划时，以下原则是应该加以考虑的：

(1)节约用地。尽量利用荒地、劣地、空地作为取土、弃土的场地；少占耕地，并结合施工改地造田。取土坑的深度与弃土的堆置地点，要考虑排水系统的全面规划，禁止弃土堵塞渠道；取土坑的深度应使坑底高程与桥涵沟底高程相适应，以利排水。

(2)好土应尽量用在回填质量要求较高的地段。

(3)挖方量与运距之和尽可能为最小，即总土方运输量或运输费用为最小。

(4)充分利用移挖作填，减少废方和借方，使挖方和填方基本达到平衡；同时选择恰当的调配方向、运输路线，使土方运输无对流现象。

如果挖方少于填方数量时，可以先横向取土填筑路堤底部，再纵向利用路堑的挖土填筑路堤的上部。如果路堤两侧取土有困难时，可采用放缓路堑边坡或扩大断面的方法取土。当挖方数量大于填方数量时，可先横向将多余土方丢弃，再纵向运输到路堤处填筑。

(5)在规划土源时也应考虑附近其他余土的利用问题。可充分利用改河、改沟、改移公路等附属工程的土方。隧道开挖出来的坚石、次坚石可充分利用来修建桥涵、挡土墙等建筑物，还可用作线路道砟。预留的复线位置或拟扩建站场的范围，都不应在其挖方上弃土，也不应在预留填方处取土，最好将挖方上的弃土弃于预留填方处。

(6)调配土方平衡土源时，还应考虑以下因素：

①土、石方经过挖掘、运输、填筑及压实后，其体积较原来有所变化。有的体积增加，有的减少，可以用松散率或压缩率表示，其数值的大小与土石成分、性质、夯实密度、含水量和施工方法等有关。在调配土石方的数量时，应根据其压缩率或松散率的经验数值进行调整。

②路堤基底的沉陷量(约路堤填土高度的1%～4%)。

③土石的挖、装、运、卸过程中的损耗。

④用机械填筑路堤时，为了保证路基边沿部分的填土压实，施工时须将路堤每侧填宽约0.2 m。

一般来说，可按填土的断面方数增加15%来规划取土土源，但计算完成的工程量时，只能按设计的断面方数计算。

(7)土石方调配与施工方法密切相关。施工方法不同，土石方调配的方数和经济运距也不同。

要做好土石方调配工作，不能单靠设计文件和图纸，必须进行现场调查。只有结合现场的实际情况进行调配，才能使调配的方案具有实际的意义。

(四)土石方调配的两种方法

区间的路基是线形土石方建筑物，大型站场的路基是广场型土石方建筑物，在对两者进行土石方调配时，所采用的调配方法是不同的。通常对区间的路基土石方调配采用线法调配，而对大型站场的路基土石方调配采用面法调配。

1. 线法调配

线法调配主要是借助于线路纵断面图和土积图来实现。所谓土积图是指在线路纵断面图下方，按照各桩号处的累计土石方数量(挖方为正、填方为负)所绘制的该段线路的土石方量累计曲线。通过线路纵断面图和土积图，可以确定区间路基土石方调配的最大经济运距，从而得出最合理的移挖作填方案。

采用线法调配通常有两个运土方向：纵向运土和横向运土。纵向运土是指从路堑运土到两端的路堤；横向运土是指从路堑运土到弃土堆或从取土坑运土到路堤。当从路堑挖一方土纵向运到路堤的费用，比将路堑挖一方土横向运到弃土堆，再从取土坑挖一方土横向运土到路堤的总费用更低时，纵向运土是较为经济的。但随着纵向运土的距离增大，利用方的单价也随之增大。当纵向运土增加到一定的距离，使得从路堑挖运一方土到路堤的费用，比将土运到弃土堆，再从取土坑挖一方土运到路堤的总费用大时，则纵向运土应改为横向运土。这一运距叫做最大经济运距，它可以由下式算出：

$$L_E \leqslant \frac{a + b(L_c + L_f) + d}{b}$$

式中 a——挖装 1 m^3 土石方的费用，其值随施工方法和土的等级而不同；

b——1 m^3 土石方运送 1 m 距离的费用，其值随运输方法而不同；

d——1 m^3 弃土和 1 m^3 取土所占用土地的地亩费用；

L_c——1 m^3 土石方从路堑运送到弃土地点的运送距离；

L_f——1 m^3 土石方从取土坑运送到路堤的运送距离。

应当指出，移挖作填的合理运距不能单纯从经济上考虑。在线路穿经城镇、工矿、森林、农田、果园等地区时，必须尽可能压缩取、弃土用地宽度，适当加大移挖作填距离，这不仅在宏观上是合理的，而且随着运土机械的发展，也是可能的。而对于不可避免地必须占地的场合，则需要尽可能地不占好地，或通过施工改地造田，造地还田。

2. 面法调配

面法调配主要用于大型站场和重点高填深挖的大面积土石方调配，其运土方向无一定的规律性，只要能做到在站场范围内将土石方合理分配即可。

采用面法调配时必须同时考虑站场附近其他设施的施工对土石方调配的影响，如果对这些情况不了解，或者对其给土石方调配带来的影响程度估计不足，将使调配工作复杂化，造成不必要的浪费，增大工程成本。在考虑填挖方数时，要把同一站场内施工的建筑物基坑、地道及其他可以利用作填方的挖土数量计算进去。在大量修建作为疏干场地用的排水沟及渗沟时，须计算其土方数量，因为这些土方有时数量很大，会影响土方调配。大型编组站施工进度计划中所规定的线群铺设及开通次序对土方工程施工方法的选择及土方调配具有决定性影响。对于附近是否有可以利用的设备、利用的程度等均要全盘考虑。

站场土石方调配应在施工组织设计说明书内说明选定调配方案的主要理由，以及所采取的有关施工方法和重要措施的基本内容。

三、土质路堤施工

为保证路堤具有足够的强度、良好的稳定性及耐久性，应选用符合要求的填料，采用合理的方法来填筑路堤。在土质路堤的施工过程中，尤其要重视对填土的压实。

(一)路堤基底的施工处理

路堤填筑前，应先按基底的土壤性质、基底地面所处的自然环境状态，同时结合设计对基底的稳定性要求等，采取相应的方法和措施对基底予以处理。其作用是为了保证路堤的稳定，使之不致产生滑移和过度沉陷等现象。基底处理所涉及的因素很多，影响最大的是下面 4 个因素：基底土的土质、路堤高度、地下水、坡度。

(二)路堤填料的选择与鉴别

1. 土的可松性

天然土体或岩石在施工过程中的变化，一般可以概括为三种状态。即：开挖前的自然状态，挖掘、装运后的松散状态，压实后的密实状态。自然状态下的土，经过开挖以后，其体积因松散而增大，以后虽经回填压实，仍不能恢复成原来的体积，这种性质称为土的可松性。

由于土方工程量是以自然状态下土的体积计算的，所以在计算土方调配、土方施工机械及土方运输工具数量时，应考虑土的可松性。土的可松性程度可用松方系数、压缩系数和沉陷系数来表示，即

$$\text{松方系数}: K_1 = \frac{\text{土经开挖后的松散体积 } V_2}{\text{土在天然状态下的体积 } V_1}$$

$$\text{压缩系数}: K_2 = \frac{\text{土经回填压实后的体积 } V_3}{\text{土在天然状态下的体积 } V_1}$$

$$\text{沉陷系数}: K_3 = \frac{\text{土经回填压实后的体积 } V_3}{\text{土经开挖后的松散体积 } V_2}$$

土的可松性与土质有关，根据土的工程分类，松方系数和压缩系数可参考相关技术手册。

2. 填料的具体选择

填料选择的好坏是决定路堤能否坚固和稳定的重要因素。根据填料的颗粒组成、颗粒形状及塑性指标，可将填料分为岩块、粗粒土以及细粒土三大类。岩块类是指粒径大于 20 mm 的颗粒含量大于全重 50％的填料，包括块石和碎石；粗粒土是指粒径大于 0.1 mm 的颗粒含量大于全重的 50％的土，包括砾石和砂类土；细粒土是指粒径小于 0.1 mm 的颗粒含量大于全重 50％的土，包括粉土和黏性土。

为便于工程施工时的选择应用与管理，增强填料适用性，根据填料本身的风化程度及级配的优劣，将其归纳为 5 个组，具体如下：

A 组为优质填料，包括硬块石、碎石土、粗砂、中砂、级配良好的漂石土等。

B 组为良好填料，包括软块石、碎石土、粗砂、中砂、级配不好的漂石土等。这两组填料在填筑路堤时可以任意使用。

C 组为可使用的填料，包括粉砂、粉土、滑石类土等。该组填料在使用时应限制其使用范围或对其作特殊处理。例如，白垩土及滑石类土，仅允许用于基底干燥且不受水浸的较低路堤，并在使用时进行个别设计，采取措施保持路基本体不致受水影响。又如，带有草皮的表层土，不得填于高度在 1.2 m 以内的路堤。当路堤高于 1.2 m，且地面横向坡度小于 1∶5 时，可将其打碎用于路堤下层。

D 组为不应使用的填料，包括黏粉土、风化严重的软块石等。原则上在路基工程中不应采用这一组别的填料，在不得不使用 D 组填料时，应按设计要求采取改良土质、加强压实以及做好防排水工程、加固坡面护坡等措施。

E 组为严禁使用的填料，主要是指有机土，例如淤泥及淤泥质土、含石膏及其他易溶盐类含量超过容许限度的土。该组填料绝对不得用于路堤填筑。

（三）填料的鉴别

填料的鉴别主要有两种方式：一种是野外鉴别，另一种是试验室分类。野外鉴别主要适用于工地的现场作业。对于岩块和粗粒土，一般用手触感觉（手感）、目视观察（目测）等简易方法鉴别。对于细粒土的鉴别要相对复杂得多，它分为四个步骤，即：摇震反应、韧性试验，干强度试验和光泽反应。通过以上简易试验，可以对细粒土进行野外鉴别定名。

建筑材料在使用以前必须经过严格的试验，得到符合规范要求的指标以后方可使用，填料也不例外。填料的试验室分类是按照下列各项试验进行的：筛分法、液限及塑限试验、对特殊土辅以专门的鉴别试验、计算 C_u（不均匀系数）和 C_c（曲率系数）值，据此判别填料级别的好坏。

四、土质路堤的填筑方法

路堤本体各部分以及填筑的护道均应分层填筑并压实到规定的密度。“分层填筑”和“压实达到标准”是对路堤填筑的基本要求，至于在不同条件下保证其实现的作法要求，则应根据不同的情况分别考虑。同时，压实层的铺填厚度和压实的遍数应通过试验合理确定。

(一)填筑方法

铁路列车运行对线路平顺性的要求很高，路堤填筑质量的好坏直接关系到列车运行的舒适度和安全度。要保障路堤的填筑质量，应严格按照横断面、全宽度、逐层、水平铺填并夯实路基。

分层填筑时，原则上最好采用同一种类的填料，从下而上逐层填筑、碾压密实，如原地面不平，则由最低处分层填起。如果必须使用不同类土填筑路堤，不得将两种及两种以上填料混杂填筑，因为采用混杂填筑不能保证填料种类的特征以及压实的均匀性，且易于在路堤内形成水囊，降低路基施工质量。一般采用下列填筑方式：

(1)将渗水性较大的土，填于渗水性较小的土层上时，应把渗水性小的土层面做成向两侧1%～4%的横坡，以利排水。

(2)将渗水性较小的土，填于渗水性较大的土层上时，应在渗水性大的土层面，保持水平坡面，或者做成凸形。如果两类填料的颗粒大小相差悬殊，则应在层间设置相应的垫层，以防止上层细粒土落入下层内。

(3)当分层填筑不适宜时，一般将渗水性较小的土层填在堤心部分，顶部及两侧填筑渗水性较大的土，通常称这种路堤为“包心路堤”。当下层堤心部分为含水量较大的土，而以渗水性较弱的一般黏性土包在外层时，应在坡脚设置滤水趾，以促进堤心土体的固结。

(4)填筑涵管两侧路堤缺口，应从涵管的两侧不少于涵管孔径两倍的宽度内对称水平分层填筑，以免涵管两侧因受力不均而产生位移、开裂等现象。

(5)为了避免桥台背后的填土因水浸或受冻对桥台产生附加推力，在台后下方不小于2.0 m、上方不小于2.0 m加桥台高的范围内，应以渗水土填筑；确有困难时，除严寒地区外，亦可采用一般黏性土填筑。对于各类土的填筑，均应严格夯实。采用一般黏性土作填料时，其密度要求达最佳密度的90%。

(二)施工注意事项

在填筑路堤时，应注意以下几点：

(1)施工前，必须对地基进行复查核对及处理，并随即填筑。发现地基范围内有泉眼、坑穴或局部松软等，应慎重处理，不得随意填塞。

(2)路堤填料的选择应满足“路堤填料选择”的要求。填料的挖、装、运、铺及压实应连续进行，以防止填料的物理、化学特征(如级配、塑性、液限、风化程度、含盐量等)随时间或在作业过程中丧失或转变，应使路堤上的实际填料尽可能与选定的相符。在作业过程中，对细粒土和粉砂、黏砂填料，应避免其含水量的不利变化；对粗粒土和软块石，应防止产生颗粒的分解、沉积和离析。

(3)对分层填土的厚度和要求夯压的次数应严格控制。填土厚度应均匀，以保证每一填层各深度的压实密度均匀一致。压实层面应碾压或夯压大致平整，以保持上一层填土厚度均匀，局部凸凹差不大于30 mm。压实密度及其均匀性应经检验符合要求后方可在其上继续填筑。逐层检验控制填筑是为了确保整个路堤的密实度符合要求。为适应机械化施工的发展，须采用并不断研究快速检测技术。一般层厚以30 cm为宜。

(4)当土质不良时,可以采取向土中加入掺合料的办法,以改善和提高填料的稳定性、防水或排水性、压实性和强度。当采用掺料土改良土质时,应先摊平土料,再散布掺合料,用犁、耙或其他方法充分拌和,经检查无明显的不均匀现象方可使用。应特别注意的是,掺料土所含成分的均匀性是改良土质能否达到预期效果的关键。检查均匀性一般以观察其色泽为主,或采取其他野外鉴别方法;当设计对掺料土均匀性有指标要求时,还须按其指定的试验方法检测控制。

(三)填土压实

天然结构的土,经过挖、运、填等工序后变为松散状态,必须将路基填土碾压密实,以保证路堤获得必须的强度和稳定性。如果路基压实不好,基础不稳,就会影响轨道的平顺性。因此,压实工作对路基施工是至关重要的。

1. 压实方法

填土的压实方法有碾压、夯实和振动。平整场地等大面积填土工程多采用碾压法,对较小面积的填土工程则宜采用夯实法和振动压实法。相应的压实机械也可以分为碾压式、夯击式和振动式三大类型。此外,运土工具中的推土机、铲运机以及汽车也可用于路基压实。

碾压法是利用机械滚轮的压力压实土壤,使之达到所需的密实度。碾压机械有平碾、羊足碾和气胎碾等几种。平碾又称光碾压路机,是一种以内燃机为动力的自行式压路机。按重量等级分为轻型(30～50 kN)、中型(60～90 kN)和重型(100～140 kN)三种,适于压实砂类土和黏性土。羊足碾一般无动力,靠拖拉机牵引,有单筒、双筒两种。根据碾压要求,又可分为空筒及装砂、注水三种。羊足碾虽然与土接触面积小,但对单位面积的压力比较大,土壤压实的效果好。羊足碾适于对黏性土的压实。

夯实法是利用夯锤自由下落的冲击力来夯实土壤。夯实法分人工夯实和机械夯实两种。人工夯实所用的工具有木夯、石夯等;常用的夯实机械有夯锤、内燃夯土机和蛙式打夯机。夯实机械具有体积小、重量轻、对土质适应性强等特点,在工程量小或作业面受限制的条件下尤为适用。

振动压实法是将振动压实机放在土层表面,借助振动机构使压实机振动,使土的颗粒发生相对位移而达到紧密状态。用这种方法振实非黏性土效果较好。振动碾是一种振动和碾压同时作用的高效能压实机械,比一般平碾提高工效 1～2 倍,适用于对爆破石渣、碎石类土、杂填土或轻亚黏土的压实。

2. 压实作业原则

路基的压实作业,在操作时应遵循"先轻后重、先慢后快、先边后中"的原则。

所谓先轻后重,是指开始时先使用轻型压路机进行初压,随着被压实层密度的增加,逐渐改用中型或重型压路机复压。

所谓先慢后快,是指压路机碾压速度随着碾压遍数的增加可以逐渐加快。这是因为在初压作业时,土壤较松散,以较低的速度进行碾压,可以使碾压的作业时间长一些,作用深度大一些,土壤的变形也就充分一些,以利于发挥压路机的压实功能,避免因碾压过快造成推拥土壤或陷车;随着碾压遍数的增加加快碾压速度,有利于提高压路机的作业效率和表层的平整度。

所谓先边后中,是指碾压作业始终坚持从路基两侧开始,逐次向线路中心碾压,以保证路基的设计拱形和防止路基两侧的坍塌。

另外,在碾压过程中,应始终保持压路机行驶方向的直线性。到达一碾压地段的尽头时应迅速而平稳地换向,并使左右相邻两压实带有 1/3 的重叠量,以保证碾压质量。对于压不到的边角,应辅以人力或小型机具夯实。

3. 影响填土压实质量的因素

影响填土压实质量的因素有很多，其中最主要的有：土的含水量、分层厚度、压实机械以及压实遍数。

(1)土的含水量。路堤施工前，对筑路用的土应由试验人员进行试验和测定，以决定最佳含水量和密度。在施工中还必须经常测量实际填土密实度(一般是用土壤湿度密度仪或核子湿度密度仪进行测定)，以便及时发现问题进行纠正。

填筑路堤用土的含水量须严格控制，应等于或接近最佳含水量。这是因为细粒土和粉砂、黏砂填层的压实密度，是以压实系数 K 值，即达到按规定试验方法测定的填料最大密度的百分比值为标准，而最大密度是在最佳含水量时进行压实试验所得到的密度。当含水量小于或大于最佳值时，即使其他压实条件相同，密度也将小于其最大值，甚至达不到要求值。因此，在施工时填层的实际含水量应尽量接近其填料的最佳含水量。当填料含水量大于限值时，应采取排水疏干、松土晾干等措施；当含水量过低时，应洒水湿润，也可先挖弃表层土，取用含水量适当的底层土。

(2)分层厚度。压实机械的压实作用，随土层的深度增加而逐渐减小。在压实过程中，土的密实度也是表层大，并随深度加深逐渐减小，超过一定深度后，虽经反复碾压，土的密实度仍与未压实前一样。各种压实机械的压实影响深度与土的性质、含水量有关。所以，每层铺土厚度应根据土质、压实的密度要求和压实机械性能确定。

(3)压实机械。不同压实机械，适用于不同土质、土质厚度等条件，这是选择压实机械的主要依据。正常条件下，对于砂性土的压实效果，振动式较好，夯击式次之，碾压式较差；对于黏性土，则宜选用碾压式或夯击式，振动式较差甚至无效。不同压实机械，在最佳含水量条件下，适应于一定的最佳压实厚度以及通常的压实遍数。

(4)压实遍数。填土压实后的密实度与压实遍数有关。在一定的含水量条件下，开始压实时土的密实度急剧增加，经过一定的压实遍数后，接近土的最大干密度，在此之后虽经反复压实，其密度再无变化。所以，对不同的土，以及压实后的密实度要求不同，各类压实机械的压实遍数也不同。

(四)预留沉降量

预留沉降量也称为沉落量，是在填筑路堤时，考虑到施工时和竣工后路堤本体的压缩与固结，根据堤高、填料种类及压实条件，并结合地基情况、施工季节及延续时间，以及施工观测等具体情况而采取的适当抬高路堤的措施。由于影响预留沉降量的因素很复杂，不宜机械地规定。因此，必须在施工过程中从维修和使用的角度出发，按照工程实际需要与可能适当取值。

【案例】某公路路基坍塌事故

(1)工程背景及事故经过

某高速公路分四个阶段施工，其中软基段长达 14 km，该段软基处理采用的方法是：先清除鱼塘淤泥及田地杂物，回填河砂至地表，再铺设 60 cm 厚的砂砾垫层，打塑料板(间距 1.2 m，长度为 11 m)，其上铺两层土工布，土工布之间是 50 cm 砂，第二层土工布上仍是填砂。

施工单位自××××年 3 月底开始施工，到××××年 10 月底填砂已达到设计标高。路基填筑高度为 4 m 左右，后因邻近的季华路立交桥高程提高，线路纵坡重新调整，12 月底，路基填筑高度增加 2.32～2.85 m，施工单位接到变更设计图纸后继续施工，到××××年 12 月底，路基填筑高度高达 5.8 m。次年元旦，该段路基产生了滑坍，路基平均下沉 2 m，工人 L、H 正在此段路填筑土，L 及时跳离逃生，H 则随路基滑下，后被救起，经医院抢救 1 h 后死亡。

(2)事故原因

①技术方面

该段路基由于变更设计，路基高程平均提高 2.5 m 左右，使填土高达 7 m 多，设计单位对此段路基，仍按打塑料板加铺土工布的排水固结方法处理，而未增设反压护道，这在设计上是不安全的。

施工单位在施工中，未能严格按照××高速公路技术规范关于软基段路基填筑时，路基竖向沉降每日不能超过 1.5 cm，坡角水平位移每日不能超过 0.5 cm 的要求控制填土速率和进行沉降监测。

②管理方面

(a)设计单位对设计方案考虑欠周全；

(b)施工方案未经严格审核，更没有按规范编制专项的工程安全施工组织设计；

(c)缺乏专门的管理人员进行现场指挥和监管。

路堤交付铺轨时，预留沉降加高的路基面应保持平顺。

在不适宜预留沉降高度的地段，如站场、应考虑加强压实以提高填层密度，或采取预压加速沉降等措施。

交付铺轨时，预留沉降加高的路基面应保持平顺，必要时，预留沉降高度应作适当调整。路基面的抬高，应向邻接的填挖交界或桥台以及预留沉降量较小的地段顺坡递减，递减的纵坡不宜大于线路的最大限制坡度，困难条件下不得超过最大限制坡度的 2‰。

【案例】石太高速客运专线路基下沉

(1)事故概况

2009 年 7 月 7 日至 8 日，我国开工最早的高速铁路客运专线——“石太客运专线”发生了路基下沉事故，由于连日普降暴雨，事故发生时，列车晃车严重，其中 K178＋910、K158＋300、K106＋300 三处路基下沉严重，最大下沉分别达到 64.2 cm、16 cm、9.7 cm。这起事故导致多趟北京至太原的动车组限速运行晚点，严重影响了铁路正常运输秩序，危及列车运行安全。铁道部认定 K178＋910 质量事故为铁路建设工程质量重大事故，K158＋300、K106＋300 质量事故为铁路建设工程质量一般事故。图 1-2 为路基下沉后的整治。

图 1-2　路基下沉后的整治

(2)事故原因

①路基填筑不规范。填料控制不严，粒径超标，级配不良，甚至有的填料类别与设计不符；

填筑不讲究工艺控制，野蛮操作，虚铺厚度超标；路基断面加宽不够，边坡碾压不实，雨季冲刷严重；过渡段台阶宽度不足，涵洞两侧不对称填筑；土工格栅铺设不平顺，接头搭接长度不够，搭接处理不规范等。

②路基挡护和排水工程质量问题突出。沉降缝、反滤层不按设计要求施工；片石混凝土片石掺量过多；预应力坡面锚索施工不到位，存在锚索长度不够、数量不足、不做防锈处理等问题，甚至有个别锚索不张拉就使用；排水系统不到位、不完善、不畅通，造成路基、涵洞经常被水浸泡。

③CFG 桩和岩溶注浆施工存在较多的质量隐患。比如，不做工艺性试验就开始施工；实际地质与勘察资料有出入时，不及时进行变更，影响处理效果；对施工质量的过程控制手段偏弱等。

五、土质路堑施工

(一)路堑开挖的常用方法

路堑开挖是将路基范围内设计高程之上的天然土体挖除并运到填方地段或其他指定地点的施工活动。深长路堑往往工程量巨大，开挖作业面狭窄，常常是一段路基施工进度的控制性工程。因此应因地制宜，以加快施工进度、保证工程质量和施工安全为原则，综合考虑工程量大小、路堑深度和长度、开挖作业面大小、地形与地质情况、土石方调配方案、机械设备等因素，制定切实可行的开挖方式。根据略堑深度和纵向长度，开挖时可按下列几种方法进行。

1. 单层横挖法

单层横挖法是从路堑的一端或两端按路堑横断面全高和全宽，逐渐地向前开挖，挖出的土石，一般是向两头运送。这种开挖方法，因工作面小，仅适用于短而浅的路堑，可一次性挖到设计高程。

2. 多层横挖法

如果路堑较深，可以在不同高度上分成几个台阶同时开挖，每一开挖层都有单独的运土出路和临时排水措施，做到纵向拉开，多层、多线、多头出土。这种开挖方法称为多层横挖法。这样能够增加作业面，容纳更多的施工机械，形成多向出土以加快工程进度。

在此特别强调应分层开挖，避免一挖到底、掏底开挖。

3. 分层纵向开挖法

分层纵向开挖法是开挖时沿路堑纵向将开挖深度内的土体分成厚度不大的土层，在路堑纵断面全宽范围内纵向分层挖掘。这种施工方法适宜于宽度和深度均不大的长路堑。

4. 通道式纵挖法

通道式纵挖法是开挖时先沿线路纵向分层，每层先挖出一条通道作为机械运行和出土的线路，然后逐步向两侧扩大开挖，直到设计边坡为止。这种施工方法为纵向运土创造了有利条件，适宜于路堑较长、较宽、较深而两端地面坡度较小的情况。

5. 纵向分段开挖法

如果所开挖的路堑很长，可在一侧适当位置将路堑横向挖穿，把路堑分为几段，各段再采用纵向分层或纵向拉槽开挖的方式作业，这种开挖路堑的方法称为纵向分段开挖法。这种挖掘方式可增加施工作业面，减少作业面之间的干扰并增加出料口，从而大大提高工效，适用于傍山的深长路堑的开挖。

（二）路堑开挖的注意问题

（1）根据以往经验，路堑中发生的问题，多数是水造成的，因此，在开挖路堑的施工过程中，无论采用哪种开挖方法，均应保证在开挖过程中及竣工后的顺利排水。

为了及时将水排除，开挖底面要经常保持一定的纵向排水坡度，这样做不但对排水有利，而且对运输也有利。保证纵向坡度的办法有：

①路堑设计有纵向坡度时，下坡端直接挖到底，使其纵向坡度与设计坡度一致，上坡端挖至能保持从线路纵向坡度反方向排水为限，剩余部分，再从下坡端开挖。

②路堑设计为平坡时，两端都挖成向外的下坡，最后挖除剩余部分成平坡。

2. 路堑开挖时，要经常检查路堑边坡与设计边坡是否一致。每挖到一定深度或接近变坡点位置时，应恢复中线并抄平，及时掌握开挖底面的高程。尤其是当开挖深度接近路基面时，更应勤加检查，以免造成超挖欠挖现象。

3. 弃土堆的位置，应按有关规定，作好规划，严格按规划施工。要避免因弃土太近，增大坡顶压力，造成边坡坍塌现象。为此，要求弃土堆内侧坡脚至堑顶边缘之间，一般应留有 2～5 m距离（称为隔带）。

六、岩石路基施工

（一）石质路堤的施工

填石路堤是指用挖方地段的石方弃渣或其他来源的石料填筑的路堤，它的填料性质、填筑方法、压实标准及边坡的防护等与土质路堤有很大的差异。

1. 用不易风化的石块填筑路堤

填石路堤的基底处理与土质路堤相同。在路堤靠近路基面部分，因受列车动力作用的影响大，路基面下 0.3 m 内不得使用大于 15 cm 的石块，以免轨枕受力不均被折断；在路基面以下 1.2 m以内应分层填筑，石块要整平、排紧，大面向下，石块间的空隙用小石块填塞，使之稳定密实；路基底部（路堤 $H/3$ 以下部分，一般采用 3～5 m）分层铺填；其他部分则先码砌两侧边坡，然后在两侧码砌边坡之间，用倾填的办法进行填筑；填腹工作紧随着边坡的码砌进行，随码随填。

倾填石块，要求 25～40 cm 的石块不得少于 80%。根据落差高度、岩石性质及石块摔碎情况，可在倾填时掺入 15～25 cm 的石块约 20%。小于 15 cm 的石块，或大于 40 cm 的大片石及长条状的石块，均不宜填入。

路堤边坡面层应以较大的石块码砌。码砌厚度为下部 2 m，自下而上逐渐减薄为 1 m，边坡码砌的方法有两种：台阶式和栽砌式。

2. 用易风化的石块填筑路堤

原则上，暴露在大气中风化速度较快的石块不宜作填石路堤的填料，必须用这种强风化石料或软质岩石填筑路堤时，应先检验 CBR 值是否符合土质路堤的填土质量要求，CBR 值符合要求的按土质路堤技术要求进行填筑，不符合要求的不得使用。

所谓 CBR 试验是将规定的探头贯入土中，在一定的贯入深度时，以其对应荷载强度和 CBR 基准比较，来确定地基承载能力的相对值。CBR 基准是用美国加州的一种具有代表性的未筛碎石进行多次试验获得的，并将其平均值定为 100%。CBR 试验的贯入探头直径为 50 mm，和铁路道砟的尺寸相近。试验将探头贯入土中的过程和道砟在列车荷载的作用下挤陷入基床表面的现象极为相似，所以将 CBR 试验应用于铁路路基压实的质量管理是比较合理的。

施工时，应分层填筑，每层厚度约为 50 cm，块石应大面向下，摆放平稳，间隙以小石块、石屑填塞。对可压碎的风化石块，应尽量分层压实。

(二)石质路堑的开挖

由于岩石坚硬，石质路堑的开挖往往比较困难，这对路基的施工进度影响很大，尤其是工程量大而集中的山区石方路堑更是如此。因此，采用何种开挖方法以加快工程进度，是石质路堑开挖需要解决的重要问题。通常，应根据岩石的类别、风化程度、节理发育程度、施工条件及工程量大小等选择爆破法、松土法或破碎法进行开挖。

爆破法是利用炸药爆炸的能量将土石炸碎以利挖运或借助爆炸能量将土石移到预定位置。用这种方法开挖石质路堑具有工效高、速度快、劳动力消耗少、施工成本低等优点。对于岩质坚硬，不可能用人工或机械开挖的石质路堑，通常要采用爆破法开挖。爆破后用机械清方，是非常有效的路堑开挖方法。

根据炸药用量的多少，爆破法分为中小型爆破和大爆破，其中使用频率最高的是中小型爆破，大爆破的应用则受多种因素的限制。例如开挖山岭地带的石方路堑时，若岩层不太破碎，路堑较深且线路通过突出的山嘴时，采用大爆破开挖可有效提高施工效率。但如果路堑位于页岩、片岩、砂岩、砾岩等非整体性岩体时，则不应采用大爆破开挖。尤其是路堑位于岩石倾斜朝向线路且夹有砂层、黏土层的软弱地段及易坍塌的堆积层时，禁止采用大爆破开挖，以免对路基稳定性造成危害。

松土法开挖充分利用岩体的各种裂缝和结构面，先用推土机牵引松土器将岩体翻松，再用推土机或装载机与自卸汽车配合将翻松的岩块搬运到指定地点。松土法开挖避免了爆破作业的危险性，而且有利于挖方边坡的稳定和附近建筑设施的安全。凡能用松土法开挖的石方路堑，应尽量不采用爆破法施工。随着大功率施工机械的应用，松土法愈来愈多地应用于石质路堑的开挖，而且开挖的效率也愈来愈高，能够用松土法施工的范围也不断扩大。

破碎法开挖是利用破碎机凿碎岩块，然后进行挖运等作业。这种方法是将凿子安装在推土机或挖土机上，利用活塞的冲击作用使凿子产生冲击力以凿碎岩石，其破碎岩石的能力取决于活塞的大小。破碎法主要用于岩体裂缝较多、岩块体积小、抗压强度低于 100 MPa 的岩石，由于开挖效率不高，只能用于前述两种方法不能使用的局部场合，作为爆破法和松土法的辅助作业方式。

【案例】 2010 年 5 月 15 日 12 时 22 分，遂渝二线施工单位在进行高边坡石方爆破作业时，岩体突然崩塌，山体落石砸坏桥墩，中断遂渝线行车，造成 1 人死亡。铁建设〔2009〕40 号文：信用评价扣 10 分；建工电〔2010〕78 号电报：取消施工单位 1 个项目投标资格。

七、土方机械化施工

在铁路新线的修建中，路基土石方工程数量占的比重很大，土石方施工必须根据土石方工程面广量大、劳动繁重、施工条件复杂等施工特点，尽可能地采用机械化与半机械化的施工方法，以减轻劳动强度，提高劳动生产率，加快施工进度。

路基土石方工程的施工范围广泛，作业条件复杂，使用的施工机械种类、型号众多。目前铁路路基工程施工中常用的土方机械有推土机、铲运机、挖掘机以及一系列的辅助机械。

(一)土方的推土机作业

推土机由拖拉机和推土铲刀组成。其行走方式有履带式和轮胎式两种；铲刀的操作方式有机械操纵(索式)和液压操纵两种。索式推土机的铲刀借本身自重切入土中，在硬土中切土深度较浅；液压式推土机由于用液压操纵，能使铲刀强制切入土中，切土深度较大。

推土机能执行挖、运、散、压(走行中利用机身重量的碾压)等多种作业,它具有操纵灵活,运转方便,所需工作面较小,行驶速度较快,易于转移等特点。推土机主要用于纵向短距离运土和横向推土,还可用于平整场地、挖基坑、填埋沟槽及其他辅助作业。由于切挖下来的土体只是堆置在推土板前地面上,被推移着运移,因此,推土机的推土量既不大,运距也不可能很远,通常适用于运距在 100 m 以内的平土或移挖作填,尤其是当运距在 30～70 m 之间,最为有效。

1. 推土机推土方法

为了提高推土机生产效率,可采用以下几种推土方法:

(1)下坡铲土法。借助于自然坡度地势向下坡方向切土,依靠机械本身的重力作用以增加推土能力和缩短推土时间。

(2)并列推土法。平整较大面积场地时,可采用 2 台或 3 台推土机并列推土,减小土的损失,提高效率。采用此法时,各推土机铲刀的间距以 15～60 cm 为宜,且平均运距不宜超过 50～75 m,亦不宜小于 20 m。

(3)波浪推土法。推土机铲土时将铲刀最大限度地切入土中,直到发动机稍有超负荷现象时,将铲刀提起以使发动机恢复正常工作,再降下铲刀切土,再起刀,如此反复多次,直到铲刀前堆满土并将其推至指定地点。

(4)槽形推土法。沿着同一路线连续推送若干次,使地面形成一条线槽,反复利用前次已推过土的原槽多次推土,可大大减少漏土损失,适用于大面积平整场地。

(5)多刀推土法。在较硬的土中,推土机的切土深度较小,应采用多次铲土、分批集中、一次推送的方法,以提高施工效率。推土机分段将所切土推运到各切土终点,等作业面上积聚成多个土堆后,然后再由远及近整批推运到卸土区。各土堆堆积间距不宜大于 30 m,积土高度以 2 m 左右为宜。

(6)铲刀上附加侧板。在铲刀两侧装上侧板,以增加铲刀前的土方体积。

2. 修筑路基时的施工方法

推土机横向运土填筑路堤时,一般有斜层填筑法和堆填法两种施工方法。

(1)斜层填筑法。对于一般的Ⅰ～Ⅲ级土常采用斜层填筑,其填筑顺序如图 1-3 所示。分层填筑的厚度为 20～30 cm。每次铺填完毕后,推土机应继续前进 1.5～2 m,使新铺土层得到碾压。每铺填 0.5 m 高度后应进行一次纵向碾压(纵向延长至少要有 20 m),碾压前推土机先在填土面上拨土修补好路堤外侧边坡的缺土,然后纵向行驶碾压 3～5 次。当路堤外侧顶层达到高出施工高程 20～30 cm,并且宽度达到这个高程标准宽度的 70%左右时,即停止从取土坑取土,把护道上的积土(作上坡道用的多余土方)推进路堤,补足内侧路肩的缺土。路堤接近完成时,在路堤面上应多留些土,保证路拱和补足路堤的需要以及预留沉降量和超填边坡的需要。最后平整护道和取土坑,平整时应保证有足够的排水坡度。

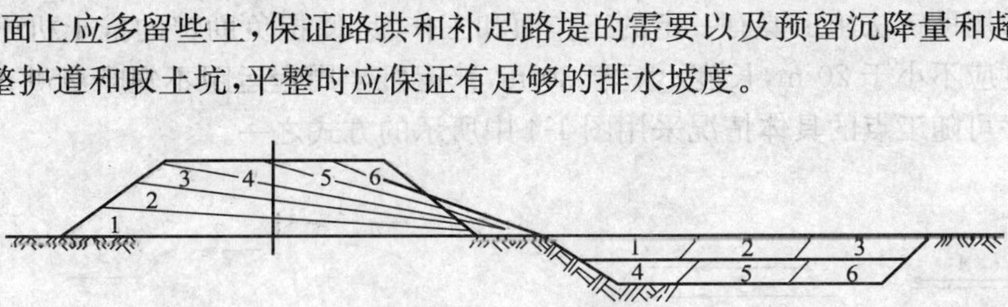

图 1-3　路堤斜层填筑

(2)堆填法。堆填法的特点是:推土机把土推进路堤后不作散土而是成堆地向前推挤,等到路堤在一定长度内(20 m 以上)布满土堆时,再进行纵向平整与碾压,施工速度较快。土层厚度根据每次推土量和土堆的密集程度而定，一般使平整后的层厚为 0.3～0.5 m 为宜。接近完成时的平整与碾压，与斜层填筑法相同。

推土机横向运土开挖路堑的施工方法与横向运土填筑路堤基本相同。遇到地面横坡较陡时，应向下坡的一侧弃土。路堑的长度在 100 m 以内时，常用推土机作纵向开挖，从路堑两端出土移挖作填或弃土。由于纵向出土能利用下坡推土，因此生产效率较高。

(二)铲运机作业

铲运机是一种能够独立完成铲土、运土、卸土、填筑、压实的土方机械。它不需其他机械配合，易于转移，配合劳力少，生产效率高，是一种较为经济的施工机械。适用于平整场地，开挖基坑、管沟，填筑路基、堤坝等土方工程。

铲运机有拖式铲运机和自行式铲运机两种。拖式铲运机由拖拉机牵引或推土机牵引，行驶速度较慢，适合于 200～300 m 的近距运土；自行式铲运机的行驶和工作靠自身的动力设备，行驶速度较快，适合于 800～1 500 m 的远距运土。

铲运机的工作装置是铲斗，铲斗前有一个能开启的斗门，铲斗前设有切土刀片。切土时，铲斗门打开，刀片切土；铲运机前进时，被切下的土挤入铲斗；铲斗装满土后，提起土斗，将土运至卸土地点。铲运机的斗容量为 6～10 m^3，切土深度 300 mm 左右，卸土厚度 200 mm 左右。

1. 铲运机铲土方法

为了提高铲运机的工作效率，常采用下列铲土方法：

(1)一般铲土法。铲刀一开始即以最大切土深度铲土，随着铲运机行驶阻力不断增大而逐渐减小铲土深度，直到铲斗装满为止。

(2)起伏式铲土法。铲土时将铲斗最大限度地切入，随着铲运机负荷逐渐增加，发动机转速下降，切土深度相应减小，如此反复多次，直到铲斗装满为止。

(3)跨铲法。采用预留土埂、间隔铲土的方法，使得铲运机效率提高 10%左右。

其开挖顺序为：先在取土场第一排铲土道铲土（宽度为 d），两铲土道间留土埂（宽度为 $d/2$）；第二排铲土道的起点与第一排的起点相距半个铲土长度（中线互错半个宽度）；第三、四排仿此后移，直至铲土结束。

(4)下坡铲土法。利用铲运机的重力分力所产生的下坡推力增大牵引力，使得铲斗切土加深，从而提高铲土效率。下坡坡度一般为 3°～9°，效率可提高 25%左右，但最大不宜超过 15°。坡度过大铲运机空回困难，反而增长了作业时间。

(5)助铲法。在地势平坦、土质较坚硬时，切土的阻力很大，造成牵引力不能充分发挥，此时可用推土机在铲土运行中顶推助铲，以提高铲土效率。该法若组织得当，生产率可提高 30%以上。采用助铲法施工要有一定的工作面和工作量，使担负助铲的推土机不致窝工。一般取土场宽度应不小于 20 m，长度不短于 30 m，铲运机半周程运距不短于 250 m。推土机进行助铲的次序可随工点的具体情况采用图 1-4 中所示的方式之一。

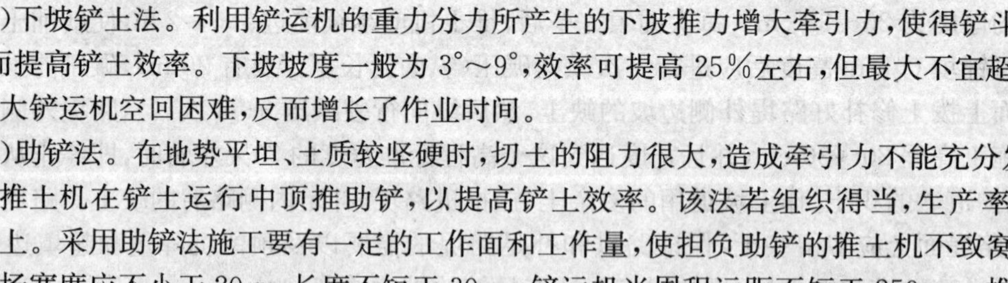

图 1-4　推土机助铲顺序示例

当场地为Ⅰ～Ⅲ类土，挖土在 3 m 以上，运距较远，工程量大且较为集中时，可采用挖土机挖土，配合自卸汽车运土，卸土区配备推土机平整土堆。

2. 铲运机的运行路线

铲运机铲土应达到运距短、坡道平缓、工程量小的目的，为此应根据地形条件、工作性质、工程量、运距等具体情况综合考虑后选择合理的运行路线。铲运机运行路线主要有以下几种方式：

(1)椭圆形路线。这是铲运机最简单也最常用的作业路线，每次循环只完成一次铲土和卸土。根据铲土和卸土的相对位置不同，可灵活布置，随时改变顺逆方向，减少运行中的干扰，如图 1-5(a)所示。当挖填交替而挖填之间的距离又较短，则可采用大循环路线如图1-5(b)所示。

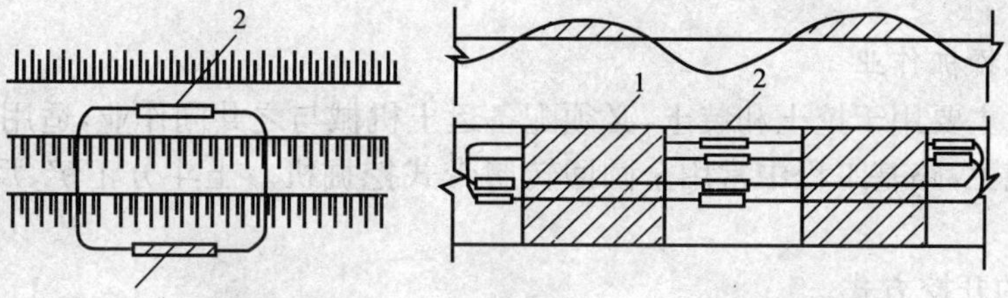

图 1-5 椭圆形路线

1—铲土；2—卸土

(2)8 字形路线。这种运行路线的铲土和卸土，轮流在两个工作面上进行，每次循环能完成两次铲土和卸土，施工效率高，转弯方向左右交替进行，可减少机械不均匀磨损。特别是可避免重车上坡转弯急的缺陷，节省转向时间。

(3)之字形路线。在几个取土段落内，铲运机在同一方向上间隔取土与卸土，可消除跑空车现象，减少转弯次数，提高生产率。

3. 修筑路基时的施工方法

铲运机开挖路堑时，如果先铲靠近边坡的两边部分，后铲其余的中间部分，就比较容易掌握断面的尺寸，既可以避免超挖，又可以减少路基面边角的留土量。

路堤必须分层填筑，分层压实。填筑的次序，也要先两边、后中间，这样机械在边上行驶时是向线路中心线倾斜，比较安全而且易于保持准确的边坡，减少整修的工作量，靠近边坡的土也能得到压实。多雨时，则应使路堑的中间部分略低，路堤的中间部分略高，防止雨水冲刷路堑的边坡和路堤表面积水。

【案例】某压路机因路基塌方而坠落

(1)事故概况

2009 年 9 月 18 日 8 时 14 分，一辆正在施工的压路机由于路基塌方坠落 3 m 深的路基下，事故造成驾驶员受重伤。如图 1-6 所示。

(2)事故原因

路堤填筑时先中间后两边，造成压路机在边上行驶时向线路外侧倾斜，进一步引起路基填方的塌方，导致了事故的发生。

图 1-6　压路机因路基塌方而坠落

(三)单斗挖掘机作业

单斗挖掘机主要用于挖土和装土，必须配备运土机械与之共同作业，适用于工程量大而集中的路基工程施工，路基工程中常用全圆回转履带式挖掘机。土斗分正铲、反铲、抓铲和拉铲四种。

1. 挖掘机的开挖方式

(1)正铲挖掘机。正铲挖掘机主要用来挖掘高出掘进机停留面的土堆，分为履带式和轮胎式两种，挖装作业灵活，回转速度快，工作效率高，铲斗容积为 0.25～2.0 m^3。

正铲挖掘机的开挖方式，可分为侧向开挖和正向开挖。侧向开挖时，挖掘机沿前进方向挖土，运输工具停在侧面装土，此种方式挖掘机卸土时，动臂回转角度小，运输工具行驶方便，生产效率高。正向开挖时，挖掘机沿前进方向挖土，运输工具停在后面装土，此法挖土面大，但回转角度大，运输工具需倒车进入，生产效率低。

(2)反铲挖掘机。反铲挖掘机的工作面(所谓工作面是指挖掘机在一个停点所能开挖的土方面，其大小与基坑横断面尺寸、机械性能、挖土方式及土壤性质等因素有关)可低于其停留面以下 3～6 m，常用于挖基坑、沟槽等，其生产效率比正铲挖掘机略低，铲斗容积为 0.25～1.0 m^3。

反铲挖掘机的开挖方式，可分为沟端开挖和沟侧开挖。沟端开挖时挖掘机停在沟端，向后倒退挖土，汽车停在两旁装土，开挖工作面宽，卸土时动臂只需回转 40°～50°即可；沟侧开挖时挖掘机沿沟的一侧直线移动挖土，此法能将土弃于距沟较远处，但挖土深度受限制，卸土时动臂回转小于 90°即可。

(3)拉铲挖掘机。拉铲挖掘机用于开挖停机面以下的Ⅰ、Ⅱ类土。它工作装置简单，可直接由起重机改装。其特点是：铲斗悬挂在钢丝绳下而不需刚性斗柄，土斗借自重使斗齿切入土中，开挖深度和宽度均较大，常用于开挖大型基坑和沟槽。但与反铲挖掘机相比，开挖精确性差，且大多将土弃于土堆，如需卸在运输工具上，则操作技术要求高，效率低。

拉铲挖掘机的开挖方式与反铲挖掘机相同。

(4)抓铲挖掘机。抓铲挖掘机是在挖掘机臂端用钢索装一抓斗而成，也可由履带式起重机改装。抓铲土斗工作示意如图 1-7。可挖掘Ⅰ、Ⅱ类土。

2. 正铲挖掘机配合汽车修筑路基

挖掘机开挖路堑时，如果路堑不深，挖掘机一次行程就能把路堑挖通，工作较为简单。汽车可以像正向开挖那样，在机后装车；或者地形条件许可时，在挖掘机的侧面装车。

如果路堑较深，不能一次挖通时，就要采用分层开挖（图 1-8(a)），或者分层分块开挖（图 1-8(b)）。分层和分块的原则是：挖掘机的行程次数要少；路基范围内所留的土角要少。分层开挖时，每一层的高度可以取到最大挖土高度。

第二个挖掘行程(图 1-8(a)中 1)相当于正向开挖。分层分块的特点是汽车总可以在挖掘机的侧面装车。分块时停车面与停机面之间的高度 A 应保证铲斗在最大卸土高度时能顺利地装车。

正铲配合汽车填筑路堤时，在卸土处要配备推土机进行分层摊平、压实工作。

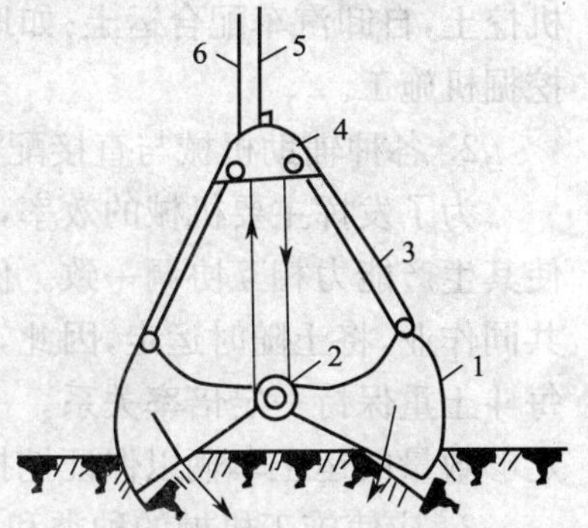

图 1-7　抓铲土斗工作示意

1—瓣；2—中心铰；3—拉杆；4—顶铰；5—升降索；6—取土高度

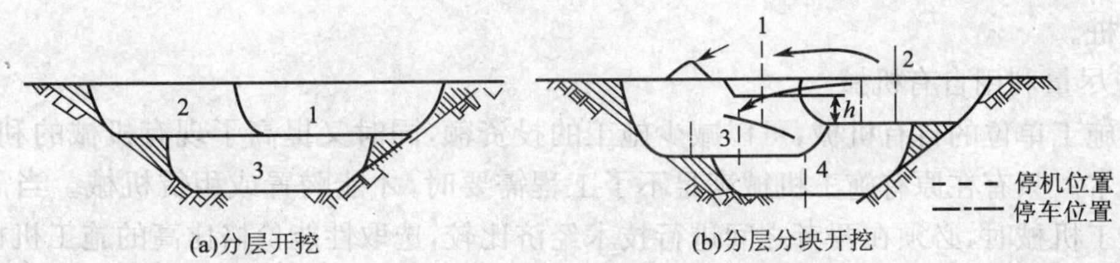

图 1-8　正铲开挖路堑施工顺序

（四）其他的辅助机械作业

路基施工还必须配备一系列的辅助机械，主要有：

松土机。主要用以犁松硬质土壤、冰冻层，含有大量砂砾、卵石及树根的土壤，以保证主要挖土机械的挖掘效率。

自行平地机。用以担任路基面的整平，大面积场地的平整，路堤、路堑、取土坑与弃土坑边坡的整修，以及排水沟和截水沟的开挖等工作。也能用来铲除地表植物，清除积雪，以及维修和整平运土道路。不过，它只适用于Ⅰ、Ⅱ类土，对于较硬土类，需先行犁松。其主要工作装置为刮刀。

单斗装载机。是在专用的拖拉机前面臂架上装一个能升降和翻转的铲斗，用来铲装及短距离运送土、碎石和其他松散物料的机械；也可在工作面较小的工地上进行推土平整等工作；还可以换装多种工作装置进行多种作业。与挖掘机相比，装载机比较机动，本身能兼做清理场地、移运孤石等作业，不进行装载时又可以当推土机使用，因此，尽管它挖硬土的效率不如挖掘机，推土效率不如推土机，但由于能一机多用，因此在路基施工中还是得到了广泛的应用。

（五）土方施工机械的选择

在土方工程施工中合理地选择土方机械，充分发挥机械效能，并使各种机械在施工中配合协调，这对于加快施工进度、保证施工质量以及降低工程成本具有十分重要的作用。土方施工机械的选择通常应遵循如下原则：

1. 应根据工程特点选择适宜的主要工程的施工机械

例如：对基坑开挖，当基坑深度在 1～2 m，而长度又不太大时，可采用推土机；对于深度在 2 m 以内的线状基坑，宜用铲运机开挖；当其基坑面积较大，工程量又集中时，可选用正铲挖掘机挖土，自卸汽车配合运土；如地下水位较高，又不采用降水措施，或土质松软，则应采用反铲挖掘机施工。

2. 各种辅助机械与直接配套的主要机械的生产能力应一致

为了发挥主要机械的效率，在选择与主要机械直接配套的各种辅助机械和运输工具时，应使其生产能力相互协调一致。例如土方工程采用单斗挖掘机施工中，一般需用运土车辆配合，共同作业，将土随时运走，因此，为使挖掘机充分发挥生产能力，运土车辆的载重应与挖掘机的每斗土重保持一定倍率关系。一般情况下，运土车辆载重量宜为每斗土重的3～5倍，并应有足够数量的运土车辆以保证挖掘机连续工作。

3. 应使施工机械的种类和型号尽可能少

在同一施工工地，如果拥有大量不同类型或者同类而不同型号的机械，会给机械管理带来困难，同时增加机械转移的工时消耗，因此，对于工程量大的工程应采用专用机械；在工程量小而且分散的情况下，尽量采用多用途的机械。例如有的挖掘机既可用于挖土，又可用于装卸、起重和打桩。

4. 应尽量利用自有机械

选用施工单位的自有机械，可以减少施工的投资额，同时又提高了现有机械的利用率，降低工程成本。只有在原有施工机械满足不了工程需要时，才能购置或租赁机械。当需要租赁或购买施工机械时，必须在两者之间进行技术经济比较，选取性能价格比高的施工机械。

5. 保持机械的良好工作状态

对于提供使用的机械，必须了解其运转情况、设备的完好率和利用率；估算机械保养、维修的停歇时间；准备适量的后备机械和替补机械，保证生产的连续性。同时，应配备适应于流动的辅助、维修设备，使大型机械能具备机动灵活、行动迅速、维修及时的条件，满足工程施工的需要。

应特别指出的是：机械化施工不能仅局限于用机械施工替代人的劳动或人工无法完成的施工作业，而是要不断提高机械化施工水平，即不断提高机械化程度和施工管理水平。根据工程实际情况合理选用各种机械，并用先进、科学的管理方法将各种机械有机地组织起来，优化施工组织计划，才能充分发挥各施工机械的生产效能。

八、路基整修

(一)路基的整修

路基工程基本完成后，由施工单位会同监理单位按设计文件和施工规范要求检查线路中线、高程、宽度、边坡坡度和排水设施等，根据检查结果制定整修计划并进行整修。

1. 土质路基的整修

土质路基表面的整修可用机械配合人工切土和补土，并辅以压路机碾压。深路堑边坡应按设计自上而下进行削坡整修，不得在边坡上贴补。填土经压实后不得有松散、软弹、翻浆及表面不平现象，到设计高程后，宜用平地机刮平，路堤两侧超过设计高度部分应切除。

【案例】成绵乐客运专线DK11＋170～DK11＋746，深路堑高边坡已经开挖高约38 m(三级)，未按设计要求进行边坡防护(锚杆＋框架梁)。如图1-9所示。

2. 边坡加固与整修

边坡需防护加固地段，应预留加固位置和厚度，使完工后的边坡与设计一致。当路堑边坡被雨水冲刷成沟槽时，应自下而上，分层挖台阶填筑并夯实。若填补厚度很小，又非加固边坡地段时，可用种植土填补，不种草。当填方边坡出现冲沟或坍塌缺口时，应自下而上分层挖台阶加宽填补并压实，再按设计坡面修坡。

图 1-9　高路堑边坡未按要求防护

3. 排水系统的整修

边坡整修时应挂线进行。对各种排水设施的纵坡应进行仔细检查，断面尺寸应符合设计要求，沟底应平整，排水畅通。

（二）检查验收与质量标准

1. 中间检查

施工过程中当每一分项、分部工程完成后，应按设计文件及施工规范等进行中间检查。例如地基原地面处理完毕，应检查基底处理情况；边坡加固前，应对加固方法、加固形式、填挖方边坡加固的适用性、边坡坡度是否适当等进行检查。若发现已完工路基受水浸淹损坏、取土及弃土超过设计、意外的填土下陷、填挖方边坡坍塌需增加土方及边坡加固工程数量时，应进行中间检查。此外，在路基渗沟回填土前、路基换土工作完成后、各类防护加固工程基坑开挖后，必须进行中间检查验收，检查不合格不得进行下一工序的施工。

2. 竣工验收

对路基进行竣工验收时，应对以下项目进行检查、验收：路基的平面位置、路基宽度、高程、平整度，边坡坡度及加固设施，边沟等排水设施的尺寸及沟底纵坡，防护工程的修建位置和各部尺寸，填土压实度，取土坑、弃土堆、护坡道、截水沟、渗水井等的位置和形式，隐蔽工程施工记录等。这些项目的评定按《铁路路基工程质量检验评定标准》进行。

3. 质量标准

（1）土方路基。土方路基施工应符合下列质量要求：路基必须分层填筑夯实，表面平整坚实，无翻浆现象，路拱合适，排水良好，土的压实度、强度符合设计要求；挖方地段上边坡应平整稳定；路基土压实度及强度必须符合规范规定。

（2）路肩。路肩施工必须做到表面平整密实、无积水、边缘顺直，偏差符合规定。

（3）地表排水设施。边沟、截水沟或排水沟应线条顺直，曲线圆滑，沟底平整，排水畅通；浆砌片石加固砌体，砂浆应密实饱满，配合比符合设计要求；边沟勾缝平顺，缝宽均匀，无脱落现象；沟渠断面应均匀平整，无凹凸不平现象，沟底无积水，施工出现的偏差符合规范规定。

【案例】湘桂铁路 DK197＋900～DK198＋200 段，路基水沟没有顺接到位（图 1-10）。若遭遇洪水，可能冲刷路基边坡，从而导致路基滑坡。

图 1-10 路基水沟没有顺接到位

(三)路基维修工作

路基工程完工后，在线路初验后直至竣工验收终验前，路基如有损坏，施工单位应进行维修，并保证路基排水设施完好；及时清除排水设施中的淤积物、杂草等；对较长时间停工的路基，则应保持排水畅通；复工前应对路基各分项工程予以整修。

轨排铺设前应整修路基，使表面无坑槽，做好规定的路拱。若路堤经雨水冲刷或发生沉降时，应立即修补、加固或采取其他处理措施，并查明原因，做好记录。遇路堑边坡坍方时，应及时清除。未经加固的高路堤和路堑边坡以及潮湿地区的土质路基边坡上的积雪应及时清除，以免危害路基。当路基构造物有变形时，应详细查明原因，及时修复，使之保持稳定。路基工程完工后，还未正式铺轨前，每当大雨、连日暴雨或积雪融化时，应控制施工机械和车辆在土质路基上通行，并应及时排干积水，整平压实。

【案例】京沪高速铁路 DK587～DK588 段路基，存在边坡冲刷但未进行整修的情况(图 1-11)。既不能保证路基质量，也可能导致路基滑坡，存在安全隐患。

图 1-11 边坡冲刷

第三节　土石方施工机械的安全使用要求

一、概　　述

机械启动前要把离合器分离或把变速杆放在空挡位置，确认周围无人或者障碍物时方可作业。

机械行驶中人员不得上下或传递物件；禁止在陡坡上转弯、倒车和停车；下坡不准空挡滑行。

停车以及在坡道上熄火时，必须把车刹住，刀片、铲斗落地。

钢丝绳禁止打结使用，并经常检查，发现问题及时更换或者降级使用。

本节仅简要叙述土石方施工机械的安全使用要求，详尽的安全使用要点参见《铁路工程施工机械安全与案例分析》。

二、挖 掘 机

操作中进铲不应过深，提斗不应过猛，一次进土高度不宜超过 4 m。

向汽车上卸土应待车子停稳后进行，禁止铲斗从驾驶室上方通过。铲斗回转半径内遇有推土机时，应停止作业。行驶时，臂杆应与履带平行，要制动住回转机构，铲斗离地 1 m 左右。上下坡时坡度不宜超过 20°。

装运装载机时，严禁在跳板上转向和无故停车。上车后应刹住各制动器，放好臂杆和铲斗。

三、铲 运 机

在新填的土堤上作业时，铲斗离坡边不得小于 1 m。

行驶时驾驶室外不得载人。

拖式铲运机上下坡的坡度不得超过 25°，横坡不得超过 6°。

多台铲运机同时作业时，前后距离不得小于 10 m，横向距离不得小于 20 m。

四、推 土 机

推土机使用钢丝绳牵引重物起步时，附近不得有人。

向边坡推土，刀片不得超出坡边，并在换好倒挡后才能提升刀片倒车。

推土机上下坡不得超过 35°，横坡不得超过 10°。

【案例】某路堑施工用推土机倾翻事故

(1)事故概况

某半路堤半路堑施工现场，1 名土方工人在推土机司机停车休息时擅自爬上推土机玩，推土机司机没有拒绝。由于该工人不懂推土机性能，误将调速机构挂在倒挡上启动，致使推土机后退倾覆翻到 5 m 高的陡坡下，2 人当场死亡。

(2)事故原因

①该土方工人违反操作规程的规定，擅自驾驶推土机；

②推土机驾驶员误将推土机停在陡坡边缘，并听任无证人员驾驶车辆。

五、压 路 机

在新填筑的路基上进行碾压时，应从中间向两侧碾压，碾压的路面应基本平坦，如有障碍物要事先清除。

两台以上同时作业时，间距不得小于 3 m，坡道上纵列行驶间距不得小于 20 m。

严禁压路机拖拉其他机械或物体。

【案例】某路基施工中发生的压路机倾翻事故

(1)事故概况

1993 年 9 月 6 日，某项目经理部在进行路基填方作业收工时，发生了一起压路机倾翻事故，导致 1 人死亡。

8 月 22 日，该项目开始对 K174＋200 处深沟(沟深 45 m，需填土方 5 万 m^3)进行路基填方施工。当日，项目主要负责人在现场对现场负责人兼压路机驾驶员 Y 做了施工任务和施工方法的安排和布置。即：深沟填方采用机械施工，用推土机开一条便道(180 m，27°)连接沟底和地面，由一台推土机用钢丝绳拖拽一台装载机、一台压路机经便道下到沟底。施工方法是由推土机向沟下推土，压路机、装载机在沟下作业。项目领导曾口头交待机械送下去以后，不准再开上来，加油加水、机械故障维修都在沟底进行。机械随着大沟的填方上升，直到填平到位，自然升至地面(其间，人员步行上下班)。

9 月 6 日下午 18 时 30 分现场收工，与 Y 配合作业的装载机驾驶员 W 向 Y 请示交待完工作步行回驻地之后，Y 私自驾驶压路机回驻地。当爬到距沟底 40 多米(即将到地面)时，压路机失去动力，开始下滑，当下滑至距沟底 28 m 拐弯处，发生侧翻，Y 被变形的驾驶室与方向盘卡住胸部，当 W 发现时，只见 Y 的脸已被憋得红紫肿胀，因无法立即救其出来，只能眼睁睁地看着 Y 死去，其间大约经历 5 min。

(2)事故原因

①技术方面

(a)压路机检修保养不及时，技术性能不符合标准；

(b)上下沟的便道坡度过大，不符合规定；

(c)压路机驾驶员违反操作规程，驾驶压路机爬陡坡(27°，一般应不超过 8°～9°)，正是由于这个原因使压路机负荷过大，液压驱动马达供油管路破裂，导致压路机失去动力，下滑。

②管理方面

(a)项目经理部没有机械管理制度和压路机操作人员的安全操作规程，对机械设备管理不严；

(b)缺少专门的管理人员进行现场指挥和监管；

(c)项目经理部在明知深沟填土施工危险性大的情况下，不做专门的安全施工方案，安全管理措施笼统且未形成有效文件；

(d)该项目经理部对违章行为不作查处，在此次事故前曾有过将机械设备从沟底开到地面的事件，项目负责人只是做了口头批评，并没有处理和通报，更没有进一步采取监控措施加以限制，等于纵容了违章行为。

(3)事故结论和教训

①事故主要原因

项目经理部忽视安全管理，安全规章制度不齐全，现场安全监管不到位，操作人员冒险驾驶压路机爬陡坡，造成机械故障而引发事故。

②事故性质

本次事故属于责任事故。该项目经理部忽视安全管理，在安全规章制度、操作规程、安全预防措施的制定和现场管理、机械管理、人员管理以及纠正、查处违章上均存在明显缺陷，导致事故发生。

③主要责任

(a)压路机驾驶员擅自违反操作规程驾驶压路机爬陡坡，是引发事故的直接责任者；

(b)项目负责人忽视安全管理，各项安全措施不落实，安全生产条件不具备，应负直接领导责任；项目经理部安全等相关部门管理、监督不到位，应负相应的管理责任；公司主要负责人对安全管理薄弱，负全面领导责任。

六、自卸汽车

发动时应检查、试运行液压机构。

配合挖掘机装料时，自卸汽车就位后，拉紧手刹车，如挖斗必须经过驾驶室时驾驶室内不得有人。

卸料时应选好地形，并检试上方和周围有无电线、障碍物以及行人；卸料后车斗应及时复原，不得边走边落。

向洼坑地方卸料时，必须与坑边保持适当的距离，防止边坡坍塌。

检修倾斜装置时，应撑牢车厢。

车厢内严禁站人。

七、钻孔机械

钻机的作业场地必须排除影响钻机行走、回转的障碍物，钻机应停放在坚实的岩面上，并保持水平和制动状态。

开钻前应检查钻具联结部分、电气部分、压气部分、风管和捕尘装置、电气控制部分的绝缘、防潮、防雨等，并选好安放位置、加以固定。

履带潜孔台车在作业场地移动时，电缆和风管应有专人负责，在转弯和倒车时防止被压坏。

挂在拖拉机上的潜孔钻机在摘挂和调整钻机角度时，应有专人指挥，严禁人员进入支架和活动空间。

钻机作业时回转电机不得反转，以免钻杆脱扣发生意外。

接卸钻杆时要使用专用叉子，司机与辅助人员要密切配合，防止夹手。

当台车用其他机械牵引做较长距离移动时，应先分离走行马达和主动轮的离合器，装上硬拖杆，严禁使用钢丝绳连接，以免在下坡时发生碰撞。

操作凿岩机时，应保持钎杆中心在一条直线上，严禁触摸凿岩机的转动部分。

风、水管通过道路时应埋入地下；在山上拉管子时，应站在上方并设防护。

拖式凿岩机在工作前必须支好支架；在山坡上移动时，必须备有三角木并指派专人负责掌握方向。

凿岩台车检修保养时，要将滑架落下；电气部分必须由电工养护维修，悬挂明显的警告标志。

【**案例**】根据监理部门的要求，采集路基的地下水样进行检验。2009 年 8 月 4 日下午，一施工技术人员和挖掘机司机覃某在路基上用挖掘机开挖出一个深七八米、直径三四米的取水坑，然后技术人员让覃某用挖掘机挖斗将其放到坑下取水样，不料坑壁不断发生坍塌，他赶紧让覃把自己升上地面，然而就在他暂停取水样，找水洗手的时候，覃某带着矿泉水瓶跳到坑下取水样，坍塌瞬间发生，覃被完全掩埋。晚10时16分左右，消防队员终于把覃某从坑下救出，遗憾的是，覃某由于被掩埋的时间过长宣告不治。

第四节　高速铁路路基工期安排及工艺特点

一、施工工艺

必须将路基作为土工结构物进行设计与施工，在填筑材料、压实标准、变形控制、检测要求等方面比现行铁路标准更加严格，达到路基强度高、刚度大且纵向变化均匀、下沉小而且稳定的使用要求。

为满足工程进度及施工质量要求，施工必须机械化。应选用大吨位土石方挖掘、运输及重型振动压实机械(过渡段选用小型振动压实机械配合)，并需配备沥青混凝土、级配碎石摊铺、拌和等特种机械。填料缺乏地段，采取远运路基填料或改良土方式解决，优先采用厂拌法施工工艺。软土及松软地段先期安排施工，并加强施工过程中的沉降、位移等观测工作，以检验和完善设计。

施工中，对高填方、地质不良地段进行沉降观测，根据沉降观测资料及沉降发展趋势、工期要求等，及时修改设计，变更地基补强或施工工艺方案，采取相应的措施。在架梁和铺轨前，对路基的稳定性进行评估，确认路基沉降满足设计要求后才允许进行架梁和铺轨施工。

将路基填筑的施工工艺进行细化，按照基底处理、路基本体、基床表层等路基结构的不同要求，配合高密度检验，通过试验确定摊铺平整、洒水晾晒、碾压夯实、检验签证等区段的工艺参数，严格按照“三阶段、四区段、八流程”的操作程序组织施工，实现路基施工过程的工厂法流水作业，保证路基质量达到设计要求。

二、工期分析

影响施工工期的主要因素：

(1)地基类型(岩土类别)；

(2)路堤高度(路堑深度)；

(3)压实(开挖)工艺及采取的施工措施；

(4)路堤的冲击稳定性(软土及松软土地基)；

(5)沉降与土体的固结期限。

路基平均填筑高约为6.5 m，地质较好地段路基的合理施工工期一般需12～15个月；采取地基加固措施，路基的合理施工工期一般需15～18个月；考虑沉降固结期限后路基的合理。施工工期一般需18～24个月。

三、质量控制

1. 质量监控重点

(1)地基的地质勘探；

(2)填料的物理、化学及抗蚀变性分析；

(3)地基或填筑分层土体承载能力检测；

(4)路堤沉降和水平位移观测；

(5)路堤压实指标和均匀程度检测；

(6)过渡段。

2. 监控方法

(1)仪器检测。用仪器检测地基系数 K_{30}、动态变形模量 E_{vd}、压实系数 K、孔隙率 n 等。

(2)测量分析。建立沉降、水平位移综合观测体系，对获取的数据进行统计分析，并通过数学模型做出合理预测。

第五节　路基冬雨季施工

季节性施工主要是指冬期及雨季路基施工，它们属于特殊施工条件下的土方施工。所谓特殊条件，在这里是指对工程施工不利的气候条件。由于我国幅员辽阔，在进行铁路建设时，出现季节性施工是不可避免的。我国东北、华北、西北及青藏高原等地区的冬季时间长、气温低并有不同程度的冻结现象；南方地区虽全年气温比较温和，但雨季中雨频量多。这些季节不仅使施工的困难增多，而且会对工程质量产生严重的影响，对路基施工极为不利，如填土的反复冻融、洪水来临时结构长期浸泡于水中等等。对这些特殊条件下的土方施工，有相应的特定施工要求，在施工过程中必须严格遵守，不得随意违反，以免造成工程事故。

一、路基的冬期施工

所谓冬期施工，是指当昼夜平均气温在 0 ℃以下，且连续 15 d 以上；或气温虽未达到上述程度但当路堤中掺填冻土时的施工作业。在冬期施工时，由于气候寒冷，不但会使施工效率受到一定的影响，而且还增大了工程的成本，如为保温、防寒、破冻而增加的额外成本。更重要的是，冬期施工给路堤的填筑质量带来了不利因素。因此，除了按照正常施工条件下根据设计规定进行施工外，冬期路基施工另外还有一些特殊要求。

1. 施工准备工作

只要工期安排上有可能，就应避免在冬期安排土方施工，而把那些不受冬期影响甚至在冬期施工更为有利的工程安排在此进行。为此，应根据工程的特点，明确不同项目最适宜的施工季节，从整体上做好施工项目安排工作。例如对冻结的粗粒土进行开挖和填筑，在冬期施工比暖季施工成本增加很多，施工难度也较大，而在泥沼地段或地下水丰富的地层中施工，冬期施工反而更加方便和经济。对于决定安排在冬期施工的工程，必须在入冬前就做好充分的准备工作。在进行路基冬期施工的准备工作时，主要应强调以下几个方面：

(1)对土壤的冻结、解冻时期和冻结深度的详细复查；

(2)保温、防寒、破冰材料与用具以及施工人员的防寒保暖用品的及早运输和储备；

(3)施工人员和机械设备用的防寒棚和加热设备的建立；

(4)准备适用于冬期施工的施工机械；

(5)路堤基底，在冻结前按规定清除草皮，并加掩盖保温，取土坑表层进行松土防冻；

(6)组织施工人员学习冬期施工的有关技术规定，以保证施工质量及施工安全。

2. 冬期路堤施工

(1)基底处理。地基应在冻结前处理。处理方法除了常规的规定外，还应清除基底范围内的冰雪和积水，其坑洼处须用与基底同类的未冻土填筑压实。处理好的基底应随即掩盖以防冻结。

(2)填料要求。冬期填筑路堤所用填料，除要满足一般路堤填料的规定外，应尽量选用级配良好的渗水未冻土。如果确有困难不得不使用非渗水土时，其含水量宜低于塑限，而并非一般情况下的接近土的最佳含水量，这样会造成填土的压实效果不好。为了达到要求的填层密度，还应相应地采取加大压实功能的措施。

当用冻土与未冻土混合填筑时，冻土块不宜大于 15 m，体积含量不宜大于 30%。冻土块应均匀散布在填层内，并于其四周填以未冻土。

路堤顶面以下及两侧边坡 1.0 m 范围内、桥涵缺口填土范围内、桥头路堤及位于河床上的路堤，均不得使用冻土填筑。由于规范对这些部位的压实密度及均匀性的要求均较高，如果采用冻土作填料，往往不能保证达到压实要求，冻土融解后容易产生填筑体的变形，故应限制使用冻土。

冬期施工中对填料的特殊要求主要是为了取得较好的压实效果，避免产生较大的沉降。

(3)填土压实和预留沉降量。填筑路堤必须严格按分层、横断面全宽度填筑、逐层压实，做到随挖、随运、随填、随压实。已铺土层未压实前，不得中断施工。应保证开挖、运填的周转时间小于土的冻结时间。

分层填筑铺土厚度应按一般规定减薄 20%～25%，并不得铺成斜层；或者增加夯实次数以提高夯实密度；冻块之间应保持 3～5 cm 的空隙，将松散土壤充填其中。

掺有冻土的路堤，由于其中的冻土不易压实，融化后会挤入其间的空隙而产生较大的沉降，因此预留沉降量应根据填料种类和冻土含量情况酌量增加；预留沉降加高量可按堤高的 2%～4%适当选取。

施工中如果遇到大雪或其他原因不得不中途停工时，应整平填层及边坡面并用松土或草袋加以掩盖；继续施工前，应将表面的冰雪清除。

冬期施工的路基面及边坡修整工作易在解冻后进行。如果在结冻时修整路基面，解冻后易产生变形，施工也较困难。

3. 土的防冻措施

由于气候寒冷给路基施工带来极大不便，因此土的防冻措施就显得十分重要。目前常见的防冻措施有以下几种：

(1)覆盖法

①松土及草袋覆盖。这类覆盖法主要用于取土场、路堑和路堤的外露土层防冻。所谓松土覆盖是将表层土耙松 25～35 cm，并耙平，形成空气隔热层覆盖保温。此法可减少 1/5～1/4 的冻结深度，松土粉碎的越细，效果越好。若场地不大，可用草袋装麦草等保温材料以减少冻结厚度。草袋覆盖的成本较高，不宜大面积使用，但保温效果较好。

②积雪覆盖。地表松散的积雪有保温防冻作用，应随施工进度在临动工前逐段消除，尽量缩短地面暴露时间。因此，挖填工作不能全面铺开，未开挖的地段应保留地面积雪。

③设置防雪栅。在预计冬天开挖路堑或取土坑的位置，事先设置防雪栅或者保留地面的原生灌木或丛林，可以防止积雪冻结。

(2)组织不间断施工

土壤冻结程度与其暴露在低温条件下的时间成正比。路堤在低温期施工，如果工程量较大，应编制详细的施工计划，做好组织设计，集中力量，分段完成，不宜全段铺开。施工时，除了应尽量缩短各工序间的间歇时间外，宜组织昼夜连续施工，以保持施工过程土壤不冻或少冻。

4. 冻土开挖

冻土开挖包括路堑冻土开挖和取土场清除表层冻土后的取土，是路基冬期施工的关键工序。路堑边坡和侧沟宜待融冻后修建。冻土表层一经开挖，必须保持连续作业，以免重复冻结。若无法保证连续作业，则在已填挖的表面应用保温材料覆盖。

冻土开挖常用的施工方法有：

(1)钢钎破土法

对于用铁镐难以挖动的冻土，可以采用数根钢钎成排并立，劈破冻土。

(2)铁楔劈土法

用长 0.4～0.8 m、刃宽 4 cm 的方头铁楔，先垂直地面打入。打入深度针对冻层厚度而定，但露出地面高度不得小于 0.1 m。然后顺水平方向横打劈开冻土。此法适用于劈开0.7 m 厚以内的冻土层。

(3)顶镐破土法

在冻层下掏槽安置千斤顶或起道机等顶镐，向上顶压使冻土开裂。

(4)爆破法

适用于开挖冻层厚而坚硬的冻土。打眼采用烧热的钢钎，其工效较打冷钢钎提高 3～4 倍。炮眼不应穿过冻土层，其深度一般以冻土层厚度的 3/4 为宜。炮眼打好后，应使内部冻硬后再装药起爆，以增强爆破威力。

二、路基的雨季施工

与冬期施工一样，在雨季进行路基土方施工同样会遇到很多困难，给施工质量带来不利的影响。主要体现在下面几个方面：

(1)地面泥泞，即使是机械化施工，也使作业困难，效率降低，甚至难于爬坡。

(2)因雨停工损失了出工日数，影响工程进度。最显著的例子是贵州省，雨季长达 4、5 个月，雨季停工天数能达 30 d 以上，工时的损失是非常明显的。

(3)土壤含水量超过填土夯实必须控制的最佳含水量，路堤填筑质量难以保证。

(4)雨季施工还会引起一些工作项目的增加，例如：下雨时的临时排水，雨后的地面疏干、甚至铲除表层湿土，运土道路的整理等。

因此，组织施工时，一般应将那些最不宜于雨季施工的土方工程，例如：洼地路堤、高填深挖、黏土类土质地段的工程，安排在雨季以外进行施工，而把那些在雨季中施工困难不大的工点，如砂土类或砂夹石地段等，安排在雨季施工。

(一)施工准备工作

(1)在山区以及暴雨和洪水危害比较严重地区，详细调查并掌握洪水资料，做好施工中的临时防护措施；对山区路堑施工，预先检查山体有无塌方、滑坡的可能，拟定防险措施。

(2)对主要材料工具要估计在雨季期间的储备量，并增建必要的防雨防洪设施，特别是石方爆破材料的防雨防潮设施。

(3)在洪水位以下的材料、活动房屋及机械设备，雨季前应搬移到最高洪水位以上的处所。

(4)对施工人员应配备必要的劳动保护用品，还应进行雨季施工和防洪抢险的教育。

(5)为保证工程质量，在路基施工中，应根据雨水情况，对部分工程项目或工序加以合理安排。如路基边沟、天沟、排水沟、取土坑排水等应在雨季前完成。

【案例】京石客运专线石太直通线 DK21＋350，路堑截水沟下部断头，未做临时排水设施。如图 1-12 所示。

图 1-12　路堑截水沟下部断头

(二)土石方开挖与填筑

1. 土方的填挖

(1)雨季施工地段，应首先完成涵洞，并作好防水、防洪、排水工作。同时应注意防止雨天施工时填料含水量增大，填层达不到要求的压实密度。若土质过湿，不宜用作填料时，应弃置晾晒风干后再用。

(2)填筑土质路堤，应分段快速施工。为了使填料保持刚挖下的天然含水量，不被地面水和雨水渗入，从而饱和，应随挖、随运、随散铺、随夯压，不得将运来的填料长期放置不用。分层夯压时，层面要有 2%～3%的横向排水坡度，避免积水。

(3)用黏土填筑的路堤，天晴后易龟裂，必须及时修补，以免雨水顺裂缝流入路堤影响其稳定性。

(4)雨季填筑路堤，应根据使用机具的性能和数量，合理组织几个工点或几个工作面轮流作业，紧凑衔接，快速施工，不宜全面铺开。

2. 石方的填挖

(1)路堑施工应采用自上而下，按照设计，边坡分层下挖的原则，严禁掏底开挖。

(2)在开挖过程中，应随时注意观察石质情况，复核和改进设计坡度，以使边坡在雨水冲刷过程中，也能保持稳定。

(3)爆破作业受雨天影响，主要是炮眼内浸水，炸药受潮发生瞎炮，对此，应尽可能把炮眼钻成水平的、斜向的或采取防浸水的覆盖措施。

【案例】成绵乐客运专线 DK11＋170～DK11＋746，深路堑设计要求该段深路堑必须从上至下分层开挖，施工方案中明确按 2～3 m 高度分台阶开挖，实际现场部分区域采用掏底开挖。如图 1-13 所示。

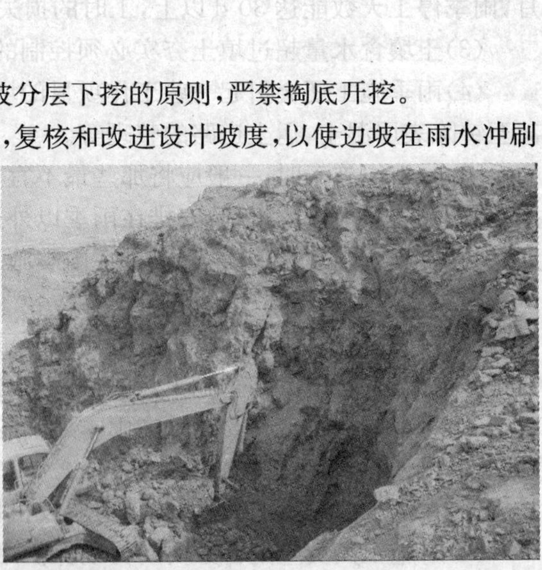

图 1-13　挖掘机掏底开挖

第六节　施工准备阶段的作业安全要点

一、施工的一般规定

(1)工程开工前，施工单位必须详细核对设计文件，根据施工地段的地形、地质、水文、气象等资料，在编制施工组织设计的同时，制定相应的安全技术措施。

(2)参加施工的人员，必须接受安全技术教育，熟知和遵守本工种的各项安全技术操作规程，并应定期进行安全技术考核，合格者方准上岗操作。对于从事电气、起重、锅炉、压力容器、焊接、车辆驾驶、机动船艇驾驶、爆破、瓦斯检验等特殊工种的人员，应经过专业培训，获得合格证书后，方准持证上岗。

(3)施工单位均应按国家规定建立健全各级安全管理机构和设立专职或兼职安全检查人员。

(4)施工现场要设置足够的消防设备。施工人员应熟悉消防设备的性能和使用方法，并应组织一支经过训练的义务消防队伍。

(5)施工单位应加强与气象、水文等部门的联系，及时掌握气温、雨雪、风暴和汛情等预报，做好防范工作。

(6)施工中采用新技术、新工艺、新设备、新材料时，必须制定相应的安全技术措施。

(7)操作人员上岗前，必须按规定穿戴防护用品。施工负责人和安全检查员应随时检查劳动防护用品的穿戴情况，不按规定穿戴防护用品的人员不得上岗。

(8)施工所用的各种机具设备和保护用品，应定期进行检查和必要的检验，保证其经常处于完好状态；不合格的机具设备和劳动保护用品严禁使用。

(9)下挖工程施工前应根据设计文件复查地下构造物(电缆、管道等)的埋置位置及走向，并采取防护措施；施工中如发现有危险品及其他可疑物品时，应立即停止下挖，报请有关部门处理。

(10)重要的安全设施必须执行与主体工程“三同时”的原则，即同时设计、审批；同时施工；同时验收，投入使用。

二、施工现场准备作业的安全要点

(1)施工现场应有利于生产，方便职工生活，符合防洪、防火等安全要求，具备文明生产、文明施工的条件。

(2)施工现场的临时设施，必须避开泥沼、悬崖、陡坡、泥石流、雪崩等危险区域，选在水文、地质良好的地段。施工现场内的各种运输道路、生产生活房屋、易燃易爆仓库、材料堆放，以及动力通信线路和其他临时工程，应按照有关安全的规定制定出合理的平面布置图。

(3)施工现场的生产生活房屋、变电所、发电机房、临时油库等均应设在干燥地基上，并应符合防火、防洪、防风、防爆、防震的要求。

(4)施工现场应设置安全标志，并不得擅自拆除。

(5)施工现场内的沟、坑、水塘等边缘应设安全护栏。场地狭小，行人和运输繁忙的路段应设专人指挥交通。

(6)生产生活房屋应按防火规定保持必需的安全净距，一般情况下活动板房不小于 7 m，铁皮板房不小于 5 m，临时的锅炉房、发电机房、变电室、铁工房、厨房等与其他房屋的间距不小于 15 m。

(7)易燃易爆品仓库、发电机房、变电所应采取必要的安全防护措施，严禁用易燃材料修建。炸药库的设置应符合国家有关规定。工地的小型临时油库应远离生活区 50 m 以外，并外设围栏。

(8)工地上较高的建(构)筑物、临时设施及重要库房，如炸药库、油库、发(变)电房、塔架、龙门吊架等，均应加设避雷装置。

(9)对环境有污染的设施和材料应设置在远离人员居住的较为空旷的地点。污染严重的工程场所应配有防污染的设施。

(10)围挡的设置。建设工程工地四周应设置连续、密闭的围挡，其高度与材质要求如下：

①高度不得低于 1.8 m；

②市政工地，可按工程进度分段设置围挡或按规定使用统一的、连续的安全防护设施；

③围挡的材料，应采用砖墙(用砂浆抹光)、木板或瓦楞板等材料(砌筑 60 cm 高的底脚并抹光)，不得采用竹笆、彩条布等；围挡要做到稳固，整洁美观；围挡外不得堆放建筑材料、垃圾和工程渣土。

(11)工地大门。施工现场进出口应设置大门，有门卫室，设警卫人员，制定值班制度。施工现场工地的大门口设置企业标志，标明集团、企业的规范简称；工地内还须立旗杆，升挂集团、企业等旗帜。

(12)七牌二图。在大门口醒目处设置七牌、二图。

七牌：①施工单位及工地名牌(附监督电话)；②工程概况牌；③安全生产六大纪律牌；④防火须知牌；⑤十项安全技术措施牌；⑥工地管理人员名单牌；⑦安全生产无重大事故计数牌。

二图：①施工现场平面图；②施工现场卫生包干图。

图牌应设置稳固、规格统一、位置合理、字迹端正、线条清晰、表示明确。

(13)砍伐树木必须遵守下列规定：

①伐树前，应将周围有碍砍伐作业的灌木和藤条砍除，清除的丛草、树木严禁放火焚烧，以防引起火灾，并选好安全躲避的退路；

②伐树范围内应布置警戒，非工作人员不得逗留、接近；

③为使树木按预定方向倾倒，要在树木下部倒树方向砍一剁口，其深度为树干直径的1/4，然后再从剁口上边缘的对面开锯，最后应留 2～3 cm 安全距离；

④在陡坡悬岩处砍伐树木，应有防止树木伐倒后顺坡溜滑和撞落石块伤人的安全措施，在山坡上严禁在同一地段的上下同时作业；

⑤截锯木料时，树干垫撑必须稳固；

⑥大风、大雾和雨天不得进行伐树作业。

(14)拆除建(构)筑物前，应制定安全可靠的拆除方案。先将与拆除物有连通的电线、水、气管道切断，并在四周危险区域内围设安全护栏，非工作人员不得进入。拆除工序应由上而下，先外后里，严禁数层同时作业。操作人员应站在脚手架或稳固的结构部位上作业。对有倒坍危险的结构物应予临时支撑加固。拆除某部位时要防止其他部位发生坍塌。拆除梁柱之前应先拆除其承托的全部结构物，严禁采用掏空、挖切和大面积推倒的拆除方法。

当采用控爆法拆除大型建(构)筑物时，必须有经批准的控制爆破设计文件。

(15)清除淤泥时,应先排除积水,并制定出相应的安全措施后方可清淤。

三、施工测量的作业安全要点

(1)密林丛草间进行施工测量时,应遵守护林防火规定,严禁烟火,并需预防有害动植物伤人。

(2)测量钉桩要注意周围行人的安全,不得对面使锤。钢钎和其他工具不得随意抛掷。

(3)测量人员在高压线附近工作时,必须保持足够的安全距离。遇雷雨时不得在高压线、大树下停留。

(4)在陡坡及危险地段测量时应系安全带,脚穿软底轻便鞋;在桥墩上测量时应有上下桥墩及防止人体坠落的安全措施。

(5)在公路、街道、交通繁忙的道路上测量时,必须有专人警戒,防止交通事故。

(6)水文测量人员应穿救生衣。在陡峻的河岸进行观测时,应有简易便道和防护措施。在通航河流上,测量船应有信号设备。在江中抛锚时应按港航监督部门的规定设置信号并有专人负责瞭望。夜间进行水文测量时,必须备有足够的照明设备。

(7)冰上测量时应向当地有关部门了解冰封情况,确认无危险后,方可作业。

遇有封冰不稳定的河段及春季冰融期间,不得在冰上进行测量。

四、场内交通与水电设施的作业安全

(1)场内道路应经常维护,保持畅通;载重车辆通过较多的道路,其弯道半径一般不小于15 m,特殊情况不得小于10 m;手推车道路的宽度不小于1.5 m;急弯及陡坡地段应设置明显交通标志;与铁路交叉处应有专人照管,并设信号装置和落杆。

(2)靠近河流和陡壁处的道路,应设置护栏和明显警告标志。

(3)场内行驶斗车、平车的轨道应平坦顺直,纵坡不得大于3%;车辆应装制动闸;铁路终点应设置倒坡和车挡。

(4)生产生活用水应进行鉴定,其水质必须符合国家现行标准;水源应采取保护措施,防止水质污染。

(5)场内架设的电线应绝缘良好,悬挂高度及线间距必须符合电业部门的安全规定。

(6)现场架设的临时线路必须用绝缘物支撑,不得将电线缠绕在钢筋、树木或脚手架上。

(7)电工在接近高压线操作时,其安全距离为:10 kV以下不得小于0.7 m,20～35 kV不得小于1 m,44 kV不得小于1.2 m,否则必须停电后方可操作。

(8)各种电器设备应配有专用开关,室外使用的开关、插座应外装防水箱并加锁,在操作处加设绝缘垫层。

(9)在三相四线制中性点接地供电系统中,电气设备的金属外壳应做接零保护;在非三相四线制供电系统中,电气设备的金属外壳应做接地保护,其接地电阻应不大于40 Ω,并不得在同一供电系统上有的接地,有的接零。

(10)各种电气设备的检查维修,一般应停电作业,如必须带电作业时,应有可靠的安全措施并派专人监护。

(11)工地安装变压器必须符合电业部门的要求,并设专人管理。施工用电要尽量保持三相平衡。

(12)现场的变(配)电设备处,必须备有灭火器材和高压安全用具。非电工人员严禁接近带电设备。

(13)使用高温灯具,要防止失火,其与易燃物的距离不得小于 1 m,一般电灯泡距易燃物品不得小于 50 cm。

(14)移动式电气机具设备应用橡胶电缆供电,并经常注意理顺;跨越道路时,应埋入地下或做穿管保护。

(15)遇有雷雨天气不得爬杆带电作业,在室外无特殊防护装置时必须使用绝缘拉杆拉闸。

(16)施工现场的临时照明:

①室内照明线路应用瓷夹固定;

②电线接头应牢固,并用绝缘胶带包扎;

③保险丝应按用电负荷量装设。

(17)能产生大量蒸汽、气体、粉尘等的工作场所,应使用密闭式电气设备;有爆炸危险的工作场所应使用防爆型电气设备。

(18)电气设备的传动带、转轮、飞轮等外露部位必须安设防护罩。

(19)检修电气设备时应按下列要求进行:

①电气设备的检修必须由电工进行,他人不得任意操作;

②工作中如遇停电应拉下开关,切断电源,检修结束必须仔细检查各项设备的情况,没有异常,方可合闸;

③大型电气设备检修应在切断电源、设好防护后进行,并在开关处设置警示标牌,工作完成后方可拆除;如需进行送电试验时,必须在认真检查并与有关部门联系后,方可进行。

(20)大型桥梁施工现场、隧道和预制场地,应有自备电源,以免因电网停电造成工程损失和出现事故。自备电源和电网之间,要有联锁保护。

五、材料堆放的安全要点

(1)建筑材料、设备器材、现场制品、半成品、成品、构配件等应严格按现场平面布置图指定位置堆放,并挂上标牌,注明名称、品种、规格,建立收、发、存保管制度。

(2)特殊材料在使用和保存时应有相应的防尘、防火、防爆、防雨、防潮、防毒等措施,易燃易爆物品应分类存放。

(3)水泥库搭设应符合要求,库内不进水、不渗水,有门有锁。各品种水泥按规定标号分清,堆放整齐,专人管理,账、牌、物三相符,遵守先进先用、后进后用原则。

(4)人工沿河采集砂石料,宜在河滩采集或在浅水处打捞,采集时应注意水情变化。使用机械在深水处采挖砂石,集料船、采挖船应锚固牢靠,但不得阻碍通航。长期定点采挖时应取得港航监督部门的同意,并设置警示标志。

(5)石料开采应由上而下逐层采取,并根据石崖高低,修成阶梯。如有松动石块应先予清除,上下层不得重叠作业。

(6)有关石料开采的凿眼、爆破和搬运应符合相关规定。

第二章　软土地基处理施工安全技术

第一节　概　　述

现代铁路修筑经验表明，作为支承路堤的地基不允许发生基底破坏，也不允许发生不能满足适合使用要求的过大工后沉降和沉降速率。以往的铁路设计标准，大多只考虑对基底强度作要求，即不允许发生基底破坏，而对其变形的要求没有给予重视。

地基处理工程应结合现场环境、施工方法、机械设备等情况进行危险源辨识和风险评估，制定应急预案并采取相应的安全措施。

地基处理应考虑下列主要危险源、危害因素：

(1)机械作业时倾覆；

(2)施工对毗邻的既有建(构)筑物和设备、管线的影响；

(3)机械现场组装和操作、机械作业用电及防雷；

(4)大风等恶劣气候条件下人员和机械安全；

(5)施工噪声、排放泥浆等环境因素。

施工现场应按规定设置防护设施和安全警示标志，并由专人管理。

机械设备的管理与防护除应符合《铁路工程基本作业施工安全技术规程》(TB 10301—2009)第8章的规定外，尚应符合下列规定：

(1)机械进场前，应调查行驶道路和作业现场的情况，了解影响范围内既有建(构)筑物和设备的分布，探明地下和空中的管线并制定相应的安全措施。

(2)作业场地及行走范围应保持平整并满足相应的承载力等要求。

(3)机械系统的能力应与施工要求相匹配，现场装配应由专业人员负责；作业时应严格按照操作规程操作。

(4)大型机械作业或多机配合作业时，应设专人统一协调指挥。

(5)作业人员登高检查或维修时应系安全带并防止坠物伤人。

(6)大雾、暴雨、大风等气候条件下应提前对现场机械采取防护措施，情况特别恶劣时应停止作业。

施工用电和高耸设备防雷应符合《铁路工程基本作业施工安全技术规程》(TB 10301—2009)第4章的规定。

施工前应做好临时防、排水系统。使用有腐蚀性、有害的材料或掺和剂时，作业人员应按规定佩戴防护用品。施工时产生的噪声应符合现行《建筑施工场界噪声标准》(GB 12523)的有关规定，对有可能造成其他环境污染的施工应进行相应的处理。

对原地面进行处理时严禁火烧杂草、树木等；砍伐树木时应设置防护和警示标志；严禁在山坡上重叠伐树作业，如图2-1所示。

处理地基时，应对影响范围内的既有建(构)筑物和设备进行监测，发现异常及时采取措施。清除淤泥或处理空穴时，应查明地质情况，采取保证人员和机械安全的防护措施。

图 2-1　严禁重叠伐树和烧荒

【案例】 浙江萧甬铁路余姚段路基塌陷事故

(1)事故概况

2005 年 5 月 9 日上午，浙江萧甬铁路路基发生整体下沉事故，轨排悬空并严重变形，路基旁的树木、电线杆纷纷倾倒，旁边的一条机耕路也被横向折断，向南侧平移了 5～6 m。此次塌方软土地基长度超过 150 m，深度达到 5～10 m。图 2-2 为塌陷现场。

图 2-2　路基塌陷事故现场

(2)事故原因

当地一砖瓦厂取土造成铁路地基土体移位，是引发事故的主要原因。

为了提高地基承载力，减少地基沉降，当天然地基不能满足路基稳定或变形控制要求时，就要对其进行处理。地基处理方法非常多，严格分类非常困难，可以将其分为以下几类：

(1)排水固结法(如排水砂井、塑料排水板、堆载预压、真空预压等)；

(2)置换法双层地基或复合地基(如浅层换填、深层搅拌桩、碎石桩等)；

(3)刚性桩基础(如 CFG 桩、打入桩、柱锤冲扩桩等)；

(4)深层密实法(如强夯、振冲挤密、爆破挤密、灰土桩等)；

(5)其它方法(如加筋、灌浆等)。

下面简要介绍各种软基处理施工安全技术。

第二节　排水固结法施工技术

一、方法简介

排水固结法是指在路基施工前，利用排水固结原理在软土地基内设置竖向排水体，铺设水平排水垫层，在上覆荷载（固结压力）作用下，排除土体内孔隙水、提高土体强度，以达到提高地基承载力减少工后沉降目的的一种加固地基方法。

排水固结法由加压系统和排水系统两个主要部分组成，如图 2-3 所示。

- 排水固结
  - 排水系统
    - 竖向排水体
      - 普通砂井
      - 袋装砂井
      - 塑料排水板
    - 水平排水体——砂垫层
  - 加压系统
    - 堆载法
    - 真空法
    - 降低地下水位法
    - 电渗法
    - 联合法

图 2-3　排水固结系统

排水固结系统由竖向排水体和水平排水体构成，主要作用是改变地基的排水边界条件，缩短排水距离和增加孔隙水排出的途径。当软土层靠近地表且较薄或土的渗透性好且施工周期较长时，可在地面铺设一定厚度的砂垫层，不设竖向排水通道，土中的孔隙水在外荷载作用下排至砂垫层，从而产生固结；当软土层较厚时，为加快排水固结，应在地基中设置砂井等竖向排水体，与水平砂垫层一起构成排水系统。

加压系统是指对地基施加的荷载布置。加压系统（上覆荷载）有等载预压、超载预压、真空预压、堆载与真空联合预压几种形式；排水系统有砂井、袋装砂井、塑料排水板、砂垫层几种形式。

排水系统与加压系统总是联合使用的。如果只设置排水系统，不施加固结压力，土中的孔隙水没有压差，不会发生渗透固结，强度不会提高；如果只施加固结压力，不设置排水体，孔隙水就很难排出来，地基土的固结沉降就需要较长的时间。

排水固结法一般适用于饱和软黏土、吹填土、松散粉土、新近沉积土、有机质土及泥炭土地基。因此，要保证排水固结法的加固效果，从施工角度考虑，主要应做好铺设水平垫层、设置竖向排水体和施加固结压力三个环节。

目前，实际工程中应用较多的排水固结法有砂井（塑料排水板）加载预压和砂井（塑料排水板）真空预压。限于篇幅，本书排水系统只介绍塑料排水板和袋装砂井，加压系统只介绍真空预压和堆载预压。

（1）排水系统

①塑料排水板

塑料排水板施工工艺流程如图 2-4 所示。图 2-5 和图 2-6 为插板机插板施工及完成情况。

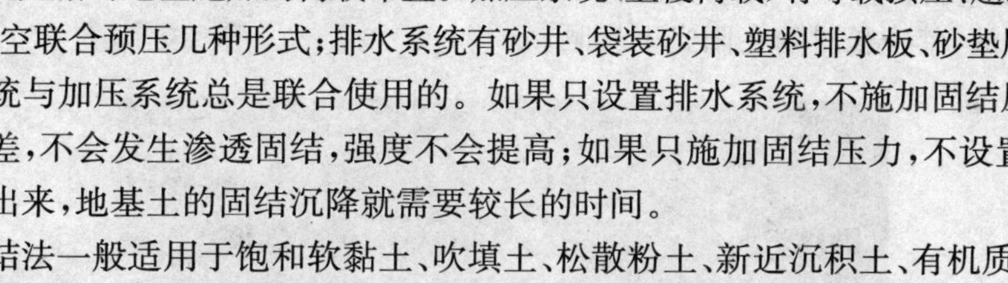

图 2-4　塑料排水板施工流程图

图 2-5　履带式振动插板机插板

图 2-6　塑料排水板插板完成

施工前应清理场地，排除积水，并将路基范围内原地面上淤泥、树根、草皮、腐殖土等全部挖除。在路基范围内按设计要求填筑土拱，碾压密实，其上按设计铺设砂垫层。机具按设计桩位就位后，塑料排水板经导管内穿出底部，与桩尖连接、拉紧，与管靴口贴紧，并对准桩位，沉入导管至设计深度，然后拔出导管，切断塑料排水板。将顶部露出地面的塑料排水板埋入砂垫层中，埋入长度应大于 0.3 m 或符合设计要求。

②排水砂井

排水砂井多采用袋装砂井(图 2-7)，其施工流程如图 2-8。

施工所用钢套管的内径宜略大于砂井直径，以减少施工过程中对地基土的扰动。套管上应划出控制高程的刻划线，以保证砂井打入长度符合设计要求；当拔套管将砂袋带出长度大于 0.5 m 时，必须重新补打。砂袋应防止扭结、缩颈、断裂和磨损；砂袋灌制要饱满密实。砂袋进场后应妥善存放，禁止长时间在阳光下暴晒。

图 2-7　袋装砂井

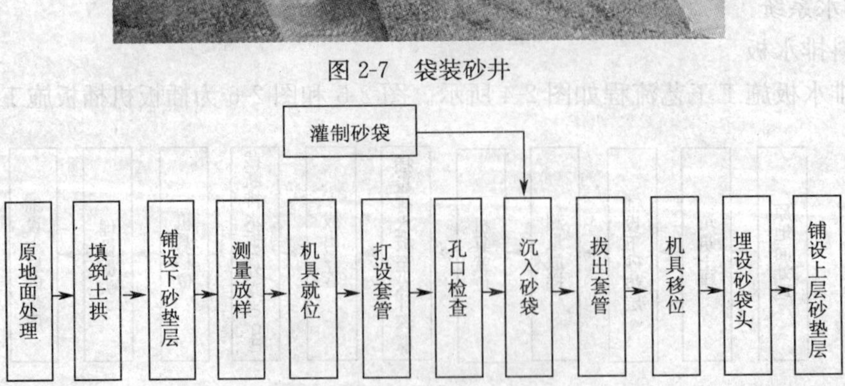

图 2-8　袋装砂井施工流程图

(2)加压系统

①堆载预压

堆载预压是指在拟建路基场地上，用堆土或其他荷重，施加或分级施加与其相当的荷载，对地基土进行预压，使土体中孔隙水排出，孔隙体积变小，地基土压密，以增长土体的抗剪强度，提高地基承载力和稳定性；同时可减小土体的压缩性，消除沉降量以便在使用期间不致产生有害的沉降和沉降差。图 2-9 为堆载预压施工。

图 2-9　堆载预压施工

②真空预压

真空预压的排水系统与常规堆载法的完全一致。真空预压法通过在砂垫层及竖向排水体中形成负压，使土体排水固结。在道路地基加固实践中还通常采用真空和堆载联合预压法，加快地基固结，利用真空负压取代超载土方，消除工作荷载引起的附加沉降。真空预压主要由抽真空系统和密封系统两部分组成。抽真空系统包括真空泵、真空管网（主管、支管）几部分；密封系统包括两布（无纺布）一膜、密封沟几部分。真空预压施工流程如图 2-10 所示。图 2-11～图 2-14 分别为真空计、真空管路、密封沟和密封膜。

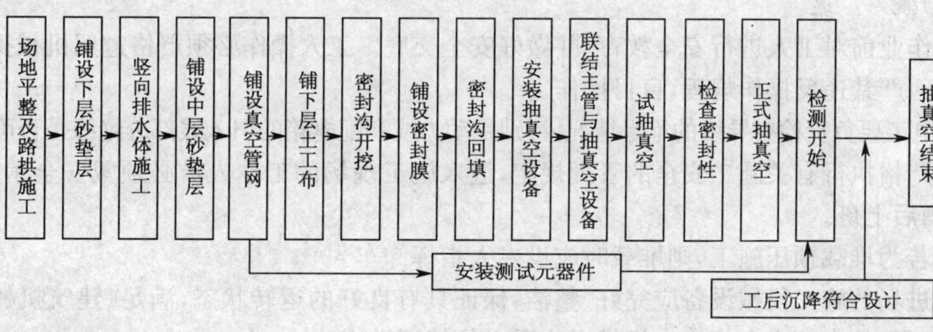

图 2-10　真空预压施工流程图

真空预压施工前，应核查地基处理范围内地质条件，检查是否有透气层，保证真空预压效果。真空预压施工开始后，应先铺设水平排水体和打设竖向排水体，密封系统应采用符合设计要求的密封层，膜与膜之间应采用热粘法粘接；密封沟开挖深度符合设计要求，密封膜顺密封沟铺设，且四周用黏土压实密封。然后连接各系统进行抽真空试验，检查密封性。并在加固范围内按设计要求设置沉降观测点。经检查各项指标符合设计要求后，可进行路基填筑作业。

图 2-11　真空计

图 2-12　真空管路

图 2-13　密封沟

图 2-14　密封膜

二、安全要点

(一)概　　述

(1)作业前对工人进行安全教育，并做好安全交底。工人操作必须严格遵照机械操作使用规范进行，严禁违反操作规程，盲目操作。

(2)电工要负责检查导线的绝缘情况，特别是动力线和配电箱的引入线部分绝缘是否可靠。

(3)严格执行有关施工安全的管理规定，进入施工现场的工作人员必须戴安全帽，不准穿拖鞋和酒后上班。

(4)若为堆载预压施工，则堆载时应设专人指挥卸车。

(5)进场的施工机械设备应完好、整洁，保证具有良好的运转状态，满足《建筑机械使用安全技术规程》的有关安全规定。机械操作手必须持证上岗。

(二)塑料排水板安全要点

(1)塑料排水板施工机械应与作业场地的承载力相适应，导架高度、打设能力应满足打设深度要求。

(2)打设塑料板应采用套管式打设，并提前做好周边排水设施。

(3)打设塑料排水板时严禁出现断裂、扭结和撕裂滤膜等问题。

(4)还应注意以下事项：

①开机前检查主要紧固件有无松动，操纵结构离合制动器是否安全正常，安全防护装置是否完好。

②调整刀片或较长时间后再起动时，应用手扳动皮带轮，注意皮带挤伤手指，观察刀片运动无阻碍，等空车检查正常后才能开始剪料，严禁突然起动剪床或带负荷起动。

③严禁切超长、超宽、超厚材料，不准用剪床剪刀及淬过火的钢材铸件等。

④两人以上操作应定人开机、指挥，注意协调配合操作。

⑤经常注意连杆有无失灵现象，紧固螺丝有无松动，发生故障应立即停止工作，待检查好后再操作。

⑥碎料时必须佩戴眼罩，防止塑料粒击伤眼睛，注意手指安全，特别是剪短产品时，严禁手指穿越压料装置，可用板材推进。

⑦剪床后不准站人接料，如确实需要，应加防护栏，设备运转时不准将手伸入入料口或在皮带轮和电机下收检物件。

⑧剪切产品或边料完毕后，立即关掉电源，清理机内和地面的碎料，将回收碎料包装好，整理堆放，剪切好的产品整齐有序堆放、包装。

(三)袋装砂井安全要点

(1)袋装砂井施工采用锤击打入法、振动贯入法和静力压入法沉管时，应符合相关规定。

(2)套管起吊后应对准井位。锤击作业应先轻后重。

(3)砂袋投入套管时，严禁发生扭结、断裂等问题。

(4)振动拔管时，应先启动激振器，后提升套管，并连续缓慢提升，中途不得放松吊绳。

(四)堆载预压安全要点

(1)施工前应做好周边排水设施。

(2)堆载体的装、运、卸不得破坏竖向排水体以及埋设的其他装置。

(3)挖掘机向运输车辆卸堆载体时，应降低铲斗，减小卸落高度，防止偏载或砸坏车厢。铲斗回转范围内，严禁人员停留或通过。

(4)装载机向运输车辆卸堆载体时，铲斗动作应缓慢，前翻及回位不得碰撞车厢。在边坡、壕沟、凹坑装卸时，轮胎离边缘距离应大于 1.5 m。在大于 3°的坡面上，不得前倾卸料。

(5)运输车辆不得超载，严禁人料混载。

(6)运输车辆卸料时，应符合下列规定：

①在陡坡、高坡、坑边处卸料时，应设专人指挥。

②停卸地面必须平整坚实，与边缘保持一定的安全距离。

③自卸车卸料时，应防止刮断电线和伤及人员。

(7)堆载预压施工应分期、分级堆载并满足沉降速率。预压期间应随时检查，发现异常应采取相应的措施。

(五)真空预压安全要点

真空预压作业应符合下列规定：

(1)管路中应设止回阀和截门；

(2)薄膜热粘时严禁有热穿及热粘不紧等问题；

(3)过滤管周围必须填实，严禁架空漏填；

(4)密封沟回填应避免回填料直接撞击密封膜,防止被击破漏气;

(5)真空预压前应检查真空泵各部位、连接管以及仪表的完好情况;

(6)预压期间应随时检查预压情况,发现异常应采取相应措施。

第三节　置换法双层地基或复合地基

一、换　　填

(一)施工技术简介

当软土地基的承载力和变形满足不了设计要求,而软土层的厚度又不是很大时,应将路基底面下处理范围内的软土层部分或全部挖去,然后分层换填强度较大的砂(碎石、素土、灰土、二灰土等)或其他强度较高、性能稳定、无侵蚀性的材料,并用人工或机械方法压(夯、振)实至要求的密实度为止,这种地基处理的方法称为换填土法,它多用于铁路构筑物的地基处理。

机械碾压、重锤夯实、振动压实法作为压(夯、振)实垫层的不同施工方法,不但可以处理分层回填垫层材料,同时又可加固地基表层土。

换填土法按回填不同的材料,命名为该种材料的垫层,如砂垫层、碎石垫层、素土垫层、灰土垫层、二灰土垫层等。虽然不同材料的垫层,其应力分布稍有差异,但从试验结果分析,其极限承载力还是比较接近的。通过沉降观测资料发现,不同材料垫层的特点基本相似,故可以近似地按砂垫层的计算方法进行计算。但对湿陷性黄土、膨胀土、季节性冻土等某些特殊土采用换土垫层法处理时,因其主要处理目的是为了消除或部分消除地基土的湿陷性、胀缩性和冻胀性,所以在设计时需要考虑的解决问题的关键也应有所不同。

换填土法适用于淤泥、淤泥质土、素填土、杂填土地基及暗沟、暗塘等浅层和低洼区域处理,还适用于处理湿陷性黄土、膨胀土和季节性冻土等一些区域性特殊土。换填土法的处理深度通常宜控制在 3 m 以内,但也不宜小于 0.5 m,因为垫层太薄,换土垫层的作用就不显著。

(二)安全要点

清淤作业应防止人员陷入;软土地段机械作业应考虑地基承载力能否满足机械作业要求,不能满足应采取必要的安全措施;接触灰土的作业人员,应佩戴口罩和手套等防护用品并在上风口作业。

1. 为保证碾压安全,压路机应按如下方法操作:

(1)开动前必须注意机械前后左右有无障碍和人员,并检查

①燃油油箱和燃油管路上是否有泄露,螺栓连接处是否松动,转向系统是否正常工作。

②机身是否干净以及是否有损坏之处,机器是否已得到充分的维护。

③检查发动机机油、液压油、冷却液的液、油位是否符合规定范围,若不符合请及时补充;检查油水分离器,如需要则放掉杯子里的水。

(2)操作时请务必遵守下列程序:

①打开电源总开关,打开启动限位开关和电门开关接通电源,此时仪表均应显示通电正常;随后按下“启动”按钮,将发动机发动后,请及时复位“启动”限位开关至“中位”。

②启动后请注意各仪表指示,电压、气压、油压是否正常。

③脚踩离合器踏板到位,根据驾驶意图选择电控挡位开关(1—2—3—4)挡,同时解除组合操纵阀侧面“挡位前后限位”开关;此时切不可强行操作:“F”前进挡、“R”倒退挡、“N”空挡;最后慢慢松开离合器,稍加油门,车即正常行驶。非特殊情况下,不要将转向角打至死角。

④对松软路基及傍山地段进行初压前，必须勘察现场，确认安全方可作业。

⑤碾压高填土方时，应从中间往两侧碾压，且距填土外侧距离不得小于 50 cm。

⑥压路机上、下坡应提前选好挡位，严禁在坡道上换挡；下坡时严禁空挡滑行；在坡道上纵队行驶时，两机间应保持一定的安全距离。

⑦在道基上碾压时，应由中间向两侧碾压，不应靠近路基边缘碾压（一般在 0.5 米以上），以防塌方。上下坡禁止换挡和滑行。

⑧作业中应随时观察作业环境，必须避开人员和障碍物。

⑨严禁不踩离合制动，车未停稳时，不得操纵“电控选择开关”前后换挡位。

⑩如需“振动”功能时，先打开左侧“振动”开关，再根据需要选择右侧“微震”、“强震”开关，振动结束后及时复位各个振幅开关。

⑪灯光、喇叭、雨刷等电器，根据需要正常操作，严禁私设各种与工作无关的电线及用电设备。

⑫禁止不熟悉操作原理及无操作证书者操作本机。

(3)工作完毕后关闭发动机的步骤如下：

①缓慢的把行走控制杆移至中位，然后向右推锁定在制动的位置。不能突然将全速运转的发动机停机，必须让发动机“怠速”运转片刻，待温度平和后再停机。

②下班后，拔下钥匙，关闭总电源，锁上车门，并绕车一周检查车况，无异常方可离去。

2. 强夯时应注意以下安全事项：

(1)强夯前应对起重机、滑轮组及脱钩器等全面检查，并进行试吊、试夯，一切正常方可强夯。

(2)强夯施工产生的噪声不应大于《建筑施工场界噪声界限》(GB 12523)的规定，强夯场地与建筑物间应按设计要求采取隔振或防振措施。当强夯施工所产生的震动对邻近建筑物或设备可能产生有害影响时，应设置监测点，并采取挖隔振沟等隔振减震措施。

(3)起吊夯锤保持匀速，不得高空长时间停留，严禁急升猛降，防锤脱落。停止作业时，将夯锤落至地面。夯锤起吊后，臂杆和夯锤下方及附近 15 m 范围内严禁站人。

(4)在既有建筑物 50 m 范围内不宜采用强夯措施。

(5)当需在桥台附近、涵洞附近进行强夯时，可先进行路基范围的强夯，再施工桥台、涵洞。

(6)当强夯与岩溶注浆同时采用时，应先进行强夯再进行注浆加固。

(7)干燥天气进行强夯时应洒水降尘。

(8)当风力大于 5 级时，应停止强夯作业，以防机械倾倒，保证安全。

3. 当填料不符合质量要求时，应对填料进行改良：

(1)拌和机作业应注意以下安全事项：

①应根据不同的拌和材料，选用合适的拌和齿。

②拌和作业时，应先将转子提起，离开地面空转，然后再慢慢下降至拌和深度。

③在拌和过程中，不能急转弯或原地转向，严禁使用倒挡进行拌和作业。遇到底层有障碍物时，应及时提起转子，进行检查处理。

④拌和机在行走和作业过程中，必须采用低速，保持均速。液压油的温度不得超过规定。

⑤停车时应拉上制动，将转子置于地面。

(2)场拌机械作业应注意以下事项：

①皮带运输机应尽量降低供料高度，以减轻物料冲击；在停机前必须将料卸尽。

②拌和机仓壁振动器在作业中铁芯和衔铁不得碰撞，如发生磁掩应立即调整振动体的振幅和工作间隙。仓内不出料时，严禁使用振动器。

③拌和结束后给料斗、贮料仓中不得有存料。

④搅拌壁及叶桨的紧固状况应经常检查，如有松动应立即拧紧。

二、砂(碎石)垫层

(一)技术要求

用砂和砂石料作为垫层材料时，应选用颗粒级配良好、质地坚硬的中、粗砂为佳，可掺入一定数量的碎(卵)石，但要分布均匀，颗粒的不均匀系数不能小于10。

砂(碎石)垫层施工前应将基底清理、整平，并按设计要求做好基底碾压及土拱。砂垫层应采用中、粗、砾砂，不含草根、垃圾等杂质，其含泥量不得大于5%；当用作排水固结时，其含泥量不得大于3%。砂(碎石)垫层及反滤层施工应符合允许偏差要求。

(二)安全要点

装卸、晒铺及翻动粉状材料时，操作人员应站在上风侧，轻拌轻翻减少粉尘。散装粉状材料宜使用粉料运输车运输或者车厢采用蓬布遮盖。装卸应尽量避免在大风天气下进行。

碎石机作业安全注意事项如下：

(1)进料要均匀，不得过大，严防金属块等混入。出料口上方应有挡板；

(2)不得从上方向碎石机口内窥视；

(3)若石料卡住进口，应用铁钩翻动，严禁用手搬动。

碎石撒布机作业安全注意事项如下：

(1)自卸汽车与撒布机联合作业，应紧密配合，以防碰撞；

(2)撒布碎石，车速要稳定，不应在撒布过程中换挡，严禁撒布机长途自行转移；

(3)在工地作短距离转移时，必须停止拨料辊及皮带运输机的传动，并注意道路状况以防碰坏机件；

(4)作业时无关人员不得进入现场，以防碎石伤人；

(5)石料的最大粒径不得超过说明书中的规定。

洒水车作业安全注意事项如下：

(1)洒水车在公路上抽水时，不得妨碍交通；

(2)在有水箅和杂物的水道中抽水时，吸水管端应加设过滤网罩；

(3)洒水车在上下坡及弯道运行中，不得高速行驶，并避免紧急制动；

(4)洒水车驾驶室外不得载人。

三、复合地基

复合地基是指天然地基在处理过程中部分土体得到增强或被置换，或在天然地基中设置加筋材料，加固区是由基体和增强体两部分组成的人工地基。

复合地基又分为散体材料复合地基、柔性桩复合地基和刚性桩复合地基三种。散体材料复合地基如碎石桩复合地基、砂桩复合地基等；柔性桩复合地基如深层搅拌桩复合地基、旋喷桩复合地基等；刚性桩复合地基如CFG复合地基、管桩复合地基、钢筋混凝土复合地基(通常其上部设有褥垫层)等。

(一)深层搅拌桩

1. 施工技术简介

深层搅拌桩分为粉体喷射搅拌桩(简称粉喷桩)和浆体喷射搅拌桩(湿喷桩)。粉喷桩是用于加固软土地基的一种方法。它以水泥浆作为固化材料，通过专用的深层搅拌机在地基深处就地将软土和水泥浆强制搅拌，使它们之间产生一系列的物理化学反应，从而使软土硬结成具有整体性、水稳性和一定强度的水泥加固土，提高了地基的稳定性和力学性能。湿喷桩加固软土地基实际上就是水泥加固土的过程，即采用机械深层搅拌软土与水泥浆，进而发生一系列物理化学反应，形成复合地基的过程。

粉体喷射搅拌桩施工工艺流程：机械按设计桩位就位后，启动钻机，钻头正转，待搅拌钻头接近地面，启动自动记录仪，空压机送气，下沉钻进至设计深度，关闭送气阀门，打开送料阀门，喷送加固粉料至钻头；继续喷粉、钻头反转搅拌提升至桩顶或停灰面，停止喷粉；重复搅拌，下沉至设计复搅深度；反钻提升搅拌，直至桩顶。

浆体喷射搅拌桩施工工艺流程：机械按设计桩位就位后，预搅钻进至设计深度；搅拌头自桩底反转喷浆搅拌提升至桩顶或停浆面；重复搅拌至设计复搅深度；重复搅拌提升至桩顶。

2. 安全技术简介

(1)粉(浆)体喷射搅拌桩施工应符合环境保护方面的规定。

(2)粉体喷射搅拌作业时应符合下列规定：

①作业人员应按规定佩戴口罩和防护镜等防护用品；

②应在孔口设喷料防护装置，当喷嘴提升近地面时，应减压喷粉，当距地面 50 cm 时应停止喷粉；

③清洗机具时，喷头严禁对人。

(3)浆体喷射搅拌作业时应符合下列规定：

①喷嘴提升近地面时，应控制压力和流量；

②作业时的废浆、废渣应及时处理；

③清洗机具时，喷头严禁对人。

(二)砂石桩法

1. 施工技术简介

砂石桩法是指采用振动、冲击或水冲等方式在软弱地基中成孔后，再将砂或碎石挤压入已成的孔中，形成大直径的砂石所构成的密实桩体，包括碎石桩、砂桩和砂石桩，总称为砂石桩。砂石桩与土共同组成基础下的复合土层，作为持力层，从而提高地基承载力和减小变形。

砂石桩施工前应进行成桩试验，确定施工工艺和参数，试桩数量应符合设计要求且不得少于 2 根。砂桩桩体用砂应选用一定级配的中、粗、砾砂，含泥量不得大于 5%；碎石桩桩体应选用一定级配且未风化的碎石或砾石，粒径宜为 20～50 mm，含泥量不得大于 5%。成桩施工宜采用振动成桩法或锤击成桩法。振动成桩法宜采用重复压拔管法，锤击成桩法宜采用双管法。

重复压拔管法施工步骤：机械按设计桩位就位后，桩管沉入至设计深度，向桩管内加料，然后边振动边拔管，拔至设计或试验确定高度；再边振动边下压沉管至设计或试验确定高度；停止拔管后应继续振动，一般停拔悬振时间为 10～20 s。重复循环上述步骤施工至桩顶。

双管法施工步骤：机械按设计桩就位后，桩管沉入至设计深度，拔起内管，加料至外管内，然后放下内管至外管内的砂(或碎石)料面上，拔起外管与内管平齐；再锤击内外管，压实砂(或碎石)料。重复循环上述步骤施工至桩顶。

2. 安全技术要点

(1)应根据所选用机械的操作规程和场地等情况采取相应的安全措施。

(2)砂桩、碎石桩施工前，应评估对邻近的既有建(构)筑物的影响，并选用相应的施工工艺。以挤密作用为主的桩施工时,应从逐渐远离既有建(构)筑物及设备方向顺序进行施工。

(3)锤击法沉管作业时,加料与锤击压实应采取相应的安全措施。桩进土 3 m 以上时,严禁用打桩机行走或转动来纠正桩的倾斜度。

(4)采用振动法施工时,重复压拔管与加料、挤压作业应协调一致,加料时应暂停振动。振动沉桩作业还应符合下列规定:

①悬挂振动桩锤的起重机,其吊钩上必须有防松脱的保护装置;

②作业前,应检查振动桩锤减震器与连接螺栓的紧固性,禁止在螺栓松动或缺失状态下启动;

③振动沉桩收紧钢丝绳加压时,应随桩沉入深度随时调整离合器,防止桩架抬起,发生事故;

④作业中,如发现液压管破损、液压操作箱失灵时,应立即采取措施,防止桩从夹持器中脱落;

⑤作业后,应将振动桩锤放至最低处并垫实。

(5)砂桩、碎石桩施工作业中应进行检查,并认真填写检查记录表。对检查中发现的不符合规定的情况,应签发安全检查整改通知单,限期整改,并跟踪验证。

(三)高压旋喷桩

1. 施工技术简介

高压旋喷桩复合地基属一般黏结强度桩复合地基。高压旋喷桩水泥土桩是通过搅拌装置和喷射头,将水泥固化剂与场地原土强制搅拌形成水泥土桩桩体。

高压旋喷桩施工流程:桩机按设计桩位就位后,成孔钻进至设计深度;沉入注浆管至孔底;高压喷射注浆,注浆管应在前锋水泥浆流出喷头后,方可开始提升注浆管,自下而上喷射注浆;成桩后拔管,并清洗机械。

2. 安全技术要点

(1)应根据所选用机械的操作规程和场地情况采取相应的安全措施。

(2)高压喷射注浆时,应符合下列规定:

①注浆前,应检查高压设备和管路系统,密封圈必须完好,各管道和喷嘴内不得有杂物;

②作业时应控制空压机、高压水泵、送浆泵的压力和提管喷浆速度;

③喷射过程中出现压力突变时,应停工查明原因并采取相应措施;

④近地面喷射时,应控制压力和流量,防止伤人;

⑤清洗机具时,喷头严禁对人;

(3)高压旋喷桩施工作业中应进行检查,并认真填写检查记录表。对检查中发现的不符合规定的情况,应签发安全检查整改通知单,限期整改,并跟踪验证。

【案例】旋喷桩桩基施工事故

(1)事故概况

2002 年 2 月 27 日,在上海某基础公司总承包、某建设分承包公司分包的轨道交通某车站工程工地上,分承包单位进行桩基旋喷加固施工。上午 5 时 30 分左右,1 号桩机(井架式旋喷桩机)机操工王某,辅助工冯某、孙某三人在 C8 号旋喷桩桩基施工时,辅助工孙某发现桩机框架上部 6 m 处油管接头漏油,在未停机的情况下,由地面爬至框架上部去排除油管漏油故障(桩机框架的内径是 650×350)。由于雨天湿滑,孙某爬上机架后不慎滑落框架内,被正在提升的内压铁挤压,导致受伤。事故发生后,地面施工人员立即爬上桩架将孙某救下,并送往医院急救,经抢救无效,孙某于当日 7 时死亡。

(2)事故原因

①直接原因

辅助工孙某在未停机的状态下，擅自爬上机架排除油管漏油故障，属违章操作，是造成本次事故的直接原因。

②间接原因

(a)机操工王某，作为C8号旋喷桩机的机长，未能及时发现异常情况并采取相应措施；

(b)总承包单位对分承包单位日常安全监控不力，安全教育深度不够，并且对分承包单位施工超时作业未及时制止，对分承包队伍现场监督管理存在薄弱环节。

③主要原因

分承包项目部对现场安全管理落实不力，对职工安全教育不力，安全交底和安全操作规程未落实到实处；施工人员工作时间长(24 h分两班工作)身心疲劳、反应迟缓，是造成本次事故的主要原因。

(3)事故的预防措施

①工程施工必须建立各级安全管理责任，施工现场各级管理人员和从业人员都应按照各自职责严格执行规章制度，杜绝违章作业的情况发生；

②施工现场的安全教育和安全技术交底不能仅仅放在口头，而应落到实处，要让每个施工从业人员都知道施工现场的安全生产纪律和各自工种的安全操作规程；

③现场管理人员必须强化现场的安全检查力度，加强对施工危险源作业的监控，完善有关的安全防护设施；

④施工现场应合理组织劳动，根据现场实际工作量的情况配置和安排充足的人力和物力，保证施工的正常进行；

⑤施工作业人员也应进一步提高自我防范意识，明确自己的岗位和职责，不能擅自操作自己不熟悉或与自己工种无关的设备设施。

(4)事故处理结果

①本起事故的直接经济损失约为15.5万元。

②事故相关单位根据事故联合调查小组的调查、分析、建议，对有关责任人作以下处理：

(a)分承包单位项目负责人顾某，管理不力，措施不到位，对本次事故负有管理责任，予以行政警告处分，并进行经济处罚；

(b)分承包单位项目施工员宋某，作息时间安排不合理，安全管理未落到实处，对本次事故负有管理责任，予以行政记过处分，并进行经济处罚；

(c)分承包单位旋喷桩机机长王某，未能及时发现和制止违章作业，对本次事故负有不可推卸责任，予以开除公职处分，并进行经济处罚；

(d)总承包单位项目经理张某，对施工现场安全管理不力，对本次事故负有管理责任，予以行政口头警告处分，并处以罚款；

(e)辅助工孙某，违章作业，在未停机的状态下，擅自爬上机架排除油管漏油故障，对本次事故负有一定责任，鉴于其已在事故中死亡，故不予追究。

四、混凝土灌注桩

(一)施工技术简介

混凝土灌注桩的成孔施工可根据地质条件、桩长和桩径等采用钻机成孔或人工挖孔。

钻机成孔法施工流程：埋设坚实不漏水的护筒，钻机按设计桩位就位(钻机可根据地质条件选择冲击钻、旋转钻或套管钻机)；一次钻进至设计深度；钻孔至设计高程经检查后，应立即进行清孔(清孔可采用抽砟法、吸泥法或换浆法);钢筋笼吊装入孔,并牢固定位;然后连续浇筑水下混凝土。

人工挖孔适用于无地下水或有少量地下水的土层和风化软岩层。挖孔顺序可视地层性质、桩位布置及间距而定;多孔同时开挖时,宜间隔开挖。挖孔时必须采取分节孔壁支护,支护应高出地面 0.3~0.5 m。

人工挖孔法施工流程:挖孔至设计高程后,孔底不应积水,并应进行孔底处理,做到平整,无松砟、泥污等软层,当地质情况与设计不符时应及时反馈变更。将钢筋笼吊装入孔内,浇筑桩身混凝土。当自由倾落高度超过 2 m 时,混凝土必须通过溜槽或串筒,并采用插入式振捣器振实。

(二)安全技术要点

(1)作业场地应平整、坚实。钻机安装时,机架应垫平,并设置必要的缆风绳及地锚等以保持稳固。

(2)钻机成孔作业时应符合下列规定:

①作业前,应检查各部位情况,确认一切正常后方可启动;

②钻进中,应随时观察钻机的运转情况,当发生异响、钻机摇晃异常等情况时,应立即停机检查,排除故障后方可继续施钻;

③提钻、下钻时,应轻提轻放,严禁钻杆在旋转时提升;

④高压胶管下,禁止站人;

⑤改变钻杆回转方向时,应先停钻后改变钻向。

(3)钢筋笼吊装及混凝土灌注应符合《铁路工程基本作业施工安全技术规程》的相关规定。

(4)泥浆池应设防护栏和警示标志,废浆、废渣处理应符合环保要求。

(5)成孔后应及时灌注。未及时灌注的孔应加盖保护并设警示标志。

(6)混凝土灌注桩施工作业中应进行检查,并认真填写检查记录表。对检查中发现的不符合规定的情况,应签发安全检查整改通知单,限期整改,并跟踪验证。

第四节　刚性桩基础

刚性桩(如混凝土方桩、CFG 桩、预应力管桩等)一般不单独使用,要在桩顶设置加筋褥垫层,从而形成桩网复合结构。基本原理是:在地基处理过程中,下部土体得到竖向增强体"桩"的加强形成复合地基加固区,在桩顶得到水平向增强体"网"的加强形成复合地基加固区,使网—桩—土三者协同作用,整体共同承担上部荷载。桩网复合结构具有沉降变形小而且完成快、工后沉降较易控制、稳定性高、施工方便等优点。

一、CFG 桩

(一)CFG 桩施工技术

CFG 桩即水泥粉煤灰碎石桩,由碎石、石屑、砂、粉煤灰掺水泥加水拌和,用各种成桩机械制成的可变强度桩。CFG 桩可用于加固填土、饱和及非饱和黏性土、松散的砂土、粉土等;对塑性指数高的饱和软黏土应使用慎重。CFG 桩由于桩身具有一定的黏结性,故可全长范围内受力,能充分发挥桩周摩阻力和端承力,桩土应力比一般为 10~40,复合地基承载力的提高幅度较大,有沉降小、稳定快的特点。

对于郑西、京津、武广客运专线(图 2-15)，由于设计速度高(350 km/h)，且为无砟轨道，为了有效地控制地基沉降，在软土和松软土地基段大量采用 CFG 桩进行地基处理。其处理深度在 30 m 以内较经济。

(a)郑西客运专线

(b)京津城际铁路

(c)武广客运专线

图 2-15　CFG 桩施工实景

CFG 桩桩体主体材料中的碎石、石屑为中等粒径骨料，可改善级配，粉煤灰作为细骨料，可以和低强度水泥作用。通过调整水泥掺量和配合比，桩体强度可在 C5～C20 之间变化，一般为 C5～C10，是介于刚性桩与柔性桩之间的一种桩型。CFG 桩和桩间土一起，通过褥垫层形成 CFG 桩复合地基共同工作。

按打桩顺序分，CFG 桩的施工方法有连打法、间隔跳打法。具体采用何种打法最好由现场试验来确定。连打法易造成邻桩被挤碎或缩颈，在黏性土中易造成地面隆起；跳打法不易发生上述现象，但土层较硬时，在已打桩中间补打新桩，可能造成已打桩被震裂或震断。在软土中，桩距较大可采用隔桩跳打，但新桩施工应与已打桩时间间隔不少于 7 d；在饱和的松散粉土中，如果桩距较小，不宜采用隔桩跳打；全长布桩时，应遵循“由一边向另一边打桩”的原则。

按施工机械分，其施工方法分为长螺旋施工和振动沉管施工两种。

长螺旋施工的特点：施工迅速快，对相邻桩体的影响很小，穿透地层能力较强，排土量大，由于混凝土的塌落度较大会出现桩体突然下坐的现象,需补方处理。

振动沉管施工的特点:机械简单,对已打桩体的影响较大,易出现浅层断桩,穿透地层能力较弱。

(二)施工过程及作业要求

本段 CFG 桩均采用长螺旋钻机成孔,管内泵压混合料灌注成桩的方法施工。具体施工过程如下:

1. 施工准备

(1)路堤地段:清理表层种植土,平整场地,再铺 0.5 m 的碎石土,做好地表排水系统。如地表存在斜坡,应尽量开挖或填筑至横断面水平。对地基压实系数进行检测,使压实系数不小于 0.9。当需挖台阶时,台阶高宜为 0.6 m 左右,台阶长度和宽度应满足长螺旋钻机安全作业要求。

路堑地段:开挖至桩顶设计高程以上不小于 1.0 m,平整场地,做好临时排水系统。

若同时有岩溶注浆加固措施,应先进行岩溶注浆施工。同时有多种地基处理措施,应综合考虑,制定整体施工方案。

(2)技术人员根据设计图放出每根 CFG 桩的具体位置,并用竹桩标记,或撒石灰画圈。因 CFG 桩灌注完成后要截除保护桩头约 50 cm,故应对地面进行抄平,计算出每桩钻进深度。对施工人员进行技术交底,包括桩位、钻进深度、施工顺序和施工注意事项等。

(3)技术人员按照设计要求进行路基位移和沉降观测的准备工作,布置位移和沉降观测网,埋设相应桩橛,并进行初次测量。施工期间按设计要求进行位移和沉降观测,同时在 CFG 桩施工前做好地质核对工作。地质核对工作采用先导孔法,利用长螺旋钻机沿线路方向至少每 25 m 核对一个断面,每个断面做三个长螺旋钻孔,利用长螺旋提出的芯样核对每个地层,同时要注意是否有软弱层。若勘探出的持力层高程和设计上相差超过 1 m 或其他异常情况时,将相关资料报设计部门进行核查处理。

(4)根据设计桩长情况,进场相应匹配的长螺旋钻机。施工前应进行工艺性试验,数量不小于 4 根,以确定设备、工艺、施工顺序,及材料选择、混合料配合比、坍落度、搅拌时间、拔管速度等各项工艺参数,并报现场监理审查签认后作为施工依据。

2. 钻机就位

移动钻机至设计桩位,利用桩机塔身前后和左右垂直标杆检查塔身导杆,校正位置,使钻杆垂直对准桩位中心。钻杆的垂直度偏差不应大于 1%,桩位偏差不大于 5 cm。

3. 钻进至设计标高

钻孔开始时,关闭钻头阀门,向下移动钻杆至钻头接触至地面时,启动电机钻入,钻进时应先慢后快。在遇到较硬土层,钻杆出现摇晃,进尺困难时,应放慢速度,直至钻至设计高程。钻杆上应作好钻进长度标记,记录钻进深度。整个钻进过程中应注意保持钻机稳定,避免倾斜和错位。同时边钻进边清理桩位周边的土。钻到硬质基底的判定标准:

(1)钻进电流表达到试验桩取得的到达硬底的试验值;

(2)钻进钻杆摇晃厉害,进尺缓慢;

(3)通过对钻杆取出的芯样进行判别。

4. 混合料拌和、灌注

施工时应严格按照试验室批准的配合比进行施工。CFG 桩要求使用集中拌合站集中供料,搅拌车运送至现场。混合料的上料顺序为先装碎石,再加水泥、粉煤灰,最后加中粗砂,搅拌均匀。每盘料搅拌时间不小于 60 s，混合料塌落度控制在 160～180 mm，每台班制作检查试件，进行 28 d 标准立方体抗压强度检测，强度值须满足设计要求。

混合料采用泵送。通过试桩确定每冲程的泵送量，混合料的泵送量应结合试桩确定的数量计算确定，泵送应连续进行，不得停泵待料。

当钻杆芯管充满混合料后开始拔管(通过试桩时泵送冲程次数确定钻杆芯管是否充满)，严禁先提管后泵料。钻杆应静止提拔，提拔速度一般应控制在 2.0～3.0 m/min，施工中应严格按工艺试验确定并经现场监理批准的参数控制拔管速度和混合料泵送量，并保证连续提拔，连续供料。

5. 清土及截除保护桩

钻杆钻进取出芯土，在混凝土强度达到设计强度后，用小型挖机装到施工范围外，再装运清走，避免扰动桩间土，同时控制开挖深度，不得超挖。桩头周边土方采用人工开挖，严禁超挖，保护桩头部分，截除采用截桩机切割，严禁使用挖机挖除。

6. 质量检测

当钻杆拔出地面，确认成桩符合设计要求后，用麻袋覆盖，然后移机继续下一根桩施工。施工过程中，应密切关注地面隆起及桩顶浮浆情况，防止挤压造成断桩。

全段施工完成，静置 28 d，然后按照设计要求对桩身完整性、桩体强度、单桩和复合地基承载力等进行试验。

7. 桩帽施工

如设计有桩帽，按设计位置进行测量放样，并用石灰标识每个桩帽四周位置，及对每个桩帽开挖高度进行技术交底。开挖出桩帽位置的土方，凿除桩头部分至设计高程，同时对基底密实情况、开挖深度、宽度等指标进行验收，合格后才能现场浇筑桩帽混凝土；桩帽土开挖完后要及时浇筑，如不能及时浇筑混凝土，应采取用彩条布覆盖等保护措施，避免受雨水浸泡；桩帽浇筑完后及时用湿麻袋覆盖养护。

(三)施工注意事项

(1)碎石、石屑、粉煤灰、水泥材料需经严格检验，保证其材质符合设计要求。施工现场加强材料计量设备的标定工作，确保计量准确，材料准备充足。施工用水应经检验，pH、Cl^-、SO_4^{2-} 等指标合格后才能使用。

(2)施工前确认地下水是否具侵蚀性。如具侵蚀性，水泥应按规范采用符合要求的品种，或按规范要求添加防腐剂。

(3)拔管速率应按试桩确定参数进行，拔管速度要均匀。

(4)每班应检查排气阀，保证其正常工作。

(5)冬季施工时，对混合料原材料、拌和工艺等各方面有特殊要求，应按照冬季混凝土施工要求进行。

(6)施工中注意观察地面是否隆起，以判断是否断桩。打新桩时注意已打桩顶高程的变化，防止挤压造成断桩。

(四)成桩常见问题

1. 堵管

(1)混合料配合比不合理。当混合料中的细骨料和粉煤灰用量较少时，混合料和易性不好，常发生堵管。因此，要注意混合料的配合比，尤其要注意将粉煤灰掺量控制在 70～90 kg/m³ 的范围内，坍落度应控制在 160～200 mm。

(2)混合料搅拌质量有缺陷。在 CFG 桩施工中,混合料由混凝土泵通过刚性管、高强柔性管、弯头最后到达钻杆芯管内。混合料在管线内借助水和水泥砂浆润滑层,与管壁分离后通过管线。坍落度太大的混合料,易产生泌水、离析,在泵压作用下,骨料与砂浆分离,摩擦力加剧,导致堵管;坍落度太小,混合料在输送管路内流动性差,也容易造成堵管。

(3)施工操作不当。钻孔进入土层设计高程后,开始泵送混合料,管内空气从排气阀排出,待钻杆芯管及输送软、硬管内混合料连续时开始提钻。若提钻时间较晚,在泵送压力下,钻头处的水泥浆液被挤出,容易造成管路堵塞。

(4)冬期施工措施不当。冬期施工时,混合料输送管及弯头均需做防冻保护,防冻措施不力,常常造成输送管或弯头处混合料冻结,产生堵管。冬季施工时,必要时应采用加热水的办法提高混合料的出机温度,但要控制好水的温度,水温不宜超过 60 ℃,否则会造成混合料的早凝,产生堵管,影响混合料的强度。

(5)设备缺陷。弯头曲率半径不合理也能造成堵管。弯头与钻杆不能垂直连接,应圆顺连接。混合料输送管要定期清洗,否则管路内残余的混合料结硬后,会造成管路的堵塞。

2. 窜孔

在饱和粉土、粉细砂层中成桩经常会遇到窜孔情况。打完 X 号桩后,在施工相邻的 Y 桩时,发现未结硬的 X 号桩的桩顶突然下落,当 Y 号桩泵入混合料时,X 号桩的桩顶开始回升,此种现象称为窜孔。发生窜孔的条件有:

(1)被加固土层中有松散饱和粉土、粉细砂;

(2)钻杆钻进过程中叶片剪切作用对土体产生扰动;

(3)土体受剪切扰动能量的积累,发生液化。

施工中采取的预控措施:

(1)采取隔桩、隔排跳打方法;

(2)减少在窜孔区域的一次连续施工的桩数,减少对已打桩扰动能量的积累;

(3)合理提高钻头钻进速度。

3. 接桩方法

如出现零星断桩,可采用如下方法接桩:将断桩以上土方挖开,开挖直径为 1.4D(D 为设计桩径),将上部断桩取出,然后将桩四周加深开挖 20 cm,将断桩处的桩头凿毛凿平,然后浇筑混凝土。如图 2-16 所示。

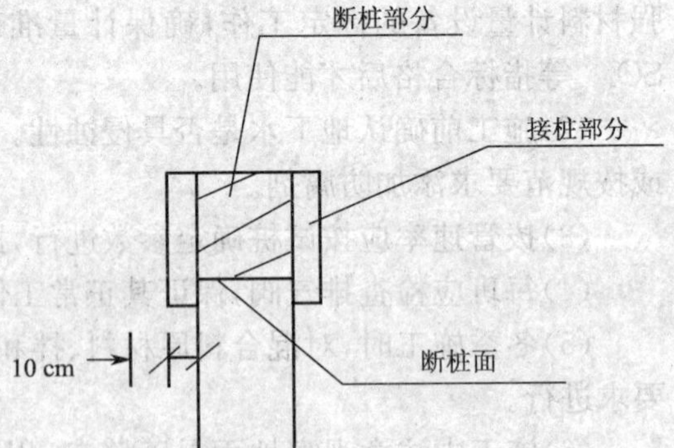

图 2-16 接桩方法

4. 桩头空芯

桩头空芯主要是施工过程中,排气阀不能正常工作所致。钻机钻孔时,管内充满空气,泵送混合料时,排气阀将空气排出,若排气阀堵塞不能正常将管内空气排出,就会导致桩体存气,形成空芯。为避免桩头空芯,施工中应经常检查排气阀的工作状态,发现堵塞及时清洗。

5. 桩端不饱满

桩端不饱满主要是因为施工中为了方便阀门的打开,先提钻后泵料。这种情况可能造成钻头上的土掉入桩孔或地下水浸入桩孔,影响 CFG 桩的桩端承载力。为杜绝这种情况,施工中，前、后台工人应密切配合，保证提钻和泵料的一致性。

(四)CFG 桩施工质量控制要点

CFG 桩质量控制的主要对象是桩长、强度、桩底是否到持力层这三项指标，现场管理和监控要点如下：

(1)测量桩位前应对施工现场原始地面高程进行抄平测量，并用平地机平整碾压后放出各桩的准确位置，将线路纵坡、横坡考虑在内后，原地面高程控制在±5 cm 以内。将施工区域进行划分，并将各桩进行编号，定机定人进行管理。

(2)布桩时，CFG 桩的数量、布置形式及间距必须严格按设计要求。并遵循从中心向外推进施工，或从一边向另一边推进施工的原则。不宜从四周转向内推进施工。

(3)在开钻前，施工技术人员应对进场施工的所有长螺旋钻机的标尺、刻画进行复核，消除标识误差。尤其是钻机初始标识要指定专人进行复查，防止操作人员弄虚作假、骗取米数。使用反差大的反光贴条每 0.5 m 进行标识，粘贴在钻机导向架上，利于夜间记录人员识别读数。

(4)指派责任心强、懂技术并经严格考核合格的员工对劳务队伍施工的 CFG 桩进行现场监控和记录。防止作业队伍偷工减料、暗中做手脚的现象发生。

(5)现场管理人员每根桩都要根据桩机上的垂球目测导向架垂直度，以保证桩身垂直度不大于 1%，确保桩体的正常受力。

(6)长螺旋钻施工，钻孔开始时，关闭钻头阀门，向下移动钻杆至钻头触及地面时，启动马达钻进，一般先慢后快。在成孔过程中，如发现钻杆摇晃或难钻时，应放慢进尺，否则容易导致桩孔偏斜、位移，甚至使钻杆、钻具损坏。

(7)判断钻头是否到了持力层，一般有两种方法：

①在桩机驾驶室观测电流的变化。根据试桩结果，钻机开始钻孔及软弱地层钻孔时，电流表指针在 120～130 A，当钻头遇到持力层时，瞬间的电流将增大到 160 A 以上，同时电压下降。此时，应判定钻头已达到持力层。

②在钻机旁直观观察。根据勘察资料，结合试桩结果，当钻头到达持力层时，钻杆上部的动力头发生颤动和轻微的摆动，钻机的动力明显减弱，此时，应判定钻头已达到持力层。

(8)CFG 桩成桩过程由现场值班人员指挥，桩机操作手和地泵操作手密切配合，按照先泵料后拔管的原则，防止先拔管后泵料，防止 CFG 桩成吊脚桩。

(9)严格控制拔管速率。拔管速率太快可能导致桩径偏小或缩颈断桩；拔管速率过慢又会造成水泥浆分布不匀，桩顶浮浆过多，桩身强度不足和形成混和料离析现象，导致桩身强度不足。故施工时，应严格控制拔管速率。

(10)整个施工过程中，应安排质检人员旁站监督，并作好施工原始记录(记录格式附后)。记录的内容主要有桩号、钻孔深度、孔深、拔管速度、单孔混合料灌入量、堵管及处理措施等。

(11)为控制提钻速度，应购置秒表配发到记录人员，钻孔时间、拔管速度、灌注混凝土时间应记录至秒。当天的记录每页必须由设备租赁方和项目队现场记录人当天进行相互签字确认。

(12)提钻泵送过程中，旁站人员要经常敲打输送管，确认管内混合料是否充实，以保证桩体密实。

(13)拔管过程避免反插。在拔管过程中若出现反插，由于桩管垂直度的偏差，容易使土与桩体材料混合，导致桩身掺土，影响桩身质量，施工中应避免反插。

(14)桩顶混凝土停灰面根据导向架上标识由值班人员判断，控制在桩顶高程以上 0.5 m

位置。

(15)控制好混合料的坍落度。大量工程实践表明,混合料坍落度过大,会形成桩顶浮浆过多,桩体强度也会降低。坍落度宜控制在 160～180 mm(可根据运送混合料的距离进行调整),和易性好。

(16)设置保护桩长。在泵送混合料时,比设计桩长多加 0.5 m 的料。

(17)在截取桩头前应准确测量桩顶高程,并在纵横向挂线标示桩头水平位置。凿除桩头时严禁单边打眼凿桩头,防止桩头成斜面或破损,截取后的桩头面应是水平面。清理桩间土和截取桩头时,应采取相应的预防措施,防止造成桩顶高程以下桩身断裂和扰动桩间土。

(18)CFG 桩施工中,每台班均须制作检验试件,进行 28 d 强度检验,成桩 28 d 后应及时进行单桩承载力或复合地基承载力试验,其承载力、变形模量应符合设计要求。

(19)CFG 桩施工属隐蔽工程,施工完毕后先进行自检,自检率为 10%。自检合格后,报第三方进行复检,复检合格报监理工程师签认后方可进行下一道工序施工。

(20)CFG 桩成桩后,桩顶以上没有 1 m 垫层情况下严禁大型机械进入施工区。

(五)现场纪录要求

(1)现场记录人员应严格遵守项目部组织纪律和劳动纪律,上班时间必须坚守工作岗位,严禁脱岗。

(2)现场记录人员应认真填写“CFG 桩施工原始记录表”,并在施工现场真实填写表中的各项施工内容。

(3)施工范围应写明施工工号;施工单位应写明××作业队×号钻机、钻机型号,并标明该区域的设计高程。

(4)桩号按工程部门编排的桩号填写,成孔时间和成桩时间按现场实际施工时间记录到秒。

(5)CFG 桩现场记录实行“双检制”。即项目部指派专人会同协作单位现场记录人员共同记录,实行每班核对,确认当班桩长,共同签认“施工原始记录表”,作为原始施工记录和劳务队伍验工计价的依据。

(6)当日记录的“施工原始记录表”应当天完善复核人、长螺旋成孔泵送混合料施工 CFG 桩施工工艺及质量监控要点。

(六)安全、环保、水保措施

(1)加强对施工人员的安全教育。

(2)所有施工人员必须戴安全帽。

(3)现场设专职安全员,对工地发生的安全隐患应及时检查解决。

(4)用电设备应实行一机一闸一漏一箱。漏电保护装置应与设备匹配,不得用一个开关直接控制两台及以上的用电设备。

(5)除电工外,其他人员严禁私接用电设备。

(6)桩机操作手必须由经岗前培训合格的人担任,严格按照操作规程进行操作。

(7)移动桩机时,应有专人指挥。

(8)施工人员应对钢丝绳进行检查。

(9)作业高度超过 2 m 时,作业人员必须系好安全带。

(10)作好排水系统,防止水土流失。

(11)施工中采取措施减少粉尘,减少对生产人员和当地居民造成的危害,必要时进行洒水。

(12)居民区尽量安排在白天施工,避免夜间施工噪音影响居民休息。

(13)工程完工后及时清理现场垃圾,做到文明退场。

(14)弃渣场必须先挡后弃。

(15)洗芯管废水引排到废水池,不能随意排放。

(七)安全技术要点

(1)机械进场前,应对作业场地进行平实,其承载力应满足机械作业要求。

(2)钻孔作业应符合下列规定:

①钻机就位后应调整钻杆垂直并对准桩位中心;

②启动前应检查各部位连接情况;

③启动后应作空运转试验,检查仪表、温度、制动等各项正常后,方可作业;

④钻进中如机架出现异常的摇晃、移动、偏斜或发出异常响声时,应立即停钻,经处理后方可继续施钻;

⑤改变钻杆回转方向时应待钻杆完全停转后再进行;

⑥严禁直接用手清除螺旋片中的泥土;

⑦发现紧固螺栓松动时应立即停机,紧固后方可继续作业。

(3)采用振动法作业时应符合下列规定:

①悬挂振动桩锤的起重机,其吊钩上必须有防松脱的保护装置;

②作业前,应检查振动桩锤减震器与连接螺栓的紧固性,禁止在螺栓松动或缺失状态下启动;

③振动收紧钢丝绳加压时,应随深度随时调整离合器,防止桩架抬起,发生事故;

④作业中,如发现液压管破损、液压操作箱失灵时,应立即采取措施,防止桩从夹持器中脱落;

⑤作业后,应将振动桩锤放至最低处并垫实。

(4)灌注作业应符合下列规定:

①应由专人负责输送泵和钻机的配合,并随时检查连接软管及接头情况;

②在钻杆芯管充满混合料后,方可开始提管,严禁先提管后泵料;

③应控制提管速度与泵料速度相协调,并连续灌注成桩。

(5)机械移位时应根据行走装置的操作规程,由专人指挥,协调行动,防止机械倾覆。移位后应再次对机械各部位进行检查。

(6)成桩区严禁大型机械进入,开挖及清土作业应采用小型机械,不得扰动桩间土。

(7)截桩机处理桩头时应防止锯片伤人。

(8)CFG 桩施工作业中应进行检查,并认真填写检查记录表。对检查中发现的不符合规定的情况,应签发安全检查整改通知单,限期整改,并跟踪验证。

二、打 入 桩

(一)施工技术简介

打入桩又叫沉入桩,是靠桩锤的冲击能量将预制桩打(压)入土中,使土被压挤密实,以达到加固地基的作用。沉入桩所用的基桩主要为预制的钢筋混凝土桩和预应力混凝土桩。沉入桩的施工方法主要有锤击沉桩、振动沉桩、射水沉桩、静力压桩以及钻孔埋置桩等。

静压法施工无噪音，桩垂直度控制容易，但静压机自重大，对地基强度要求也高。打入法施工自重轻，对地基强度要求低，桩垂直度控制困难。

打入桩施工可根据地质条件、桩型和桩体承载能力等采用锤击桩法或振动法。

（二）安全技术要点

（1）桩身强度达到设计强度时方可运输。桩的堆放场地应平整、坚实并有防止桩滚动的措施。吊运作业应符合《铁路工程基本作业施工安全技术规程》的相关规定。

（2）机械作业时，安全防护人员必须距桩锤中心 5 m 以外监视，发现异常及时预警并采取相应的措施。

（3）打入桩作业应符合下列规定：

①作业前应检查所有紧固螺栓，不得在松动及缺件情况下启动；

②严禁吊桩、吊锤、回转与行走等动作同时进行；

③插桩时，应及时校正桩的垂直度，桩进土较深时，严禁用打桩机行走或回转动作来纠正桩的倾斜度；

④桩锤、桩帽和桩应在同一轴线上，不得偏心打桩；

⑤作业后，应将桩锤放至最低处并垫实。

（4）振动沉桩作业应符合下列规定：

①悬挂振动桩锤的起重机，其吊钩上必须有防松脱的保护装置；

②作业前，应检查振动桩锤减震器与连接螺栓的紧固性，禁止在螺栓松动或缺失状态下启动；

③振动沉桩收紧钢丝绳加压时，应随桩沉入深度随时调整离合器，防止桩架抬起，发生事故；

④作业中，如发现液压管破损、液压操作箱失灵，应立即采取措施，防止桩从夹持器中脱落；

⑤作业后，应将振动桩锤放至最低处并垫实。

（5）静力压桩作业应符合下列规定：

①作业前，应对紧固螺栓进行检查，在其未拧紧前不得启动；

②起重机的起重臂下，严禁站人；

③压桩过程中，应保持桩的垂直度，如遇地下障碍物使桩产生倾斜时，应先将桩拔起，待地下障碍物清除后，重新插桩；

④当桩在压入过程中，夹持机构与桩侧出现打滑时，不得任意提高液压缸压力强行操作，应查明原因，排除故障后方可继续进行；

⑤当压桩引起周围土体隆起影响桩机行走时，应将隆土平实，不得强行通过。

（6）沉桩过程中，有下列情况应暂停作业，经处理后再行施工：

①贯入度突变；

②桩身发生倾斜、位移或有异常回弹；

③桩顶或桩身出现裂缝或破碎。

（7）钢筋混凝土打（压）入桩施工作业中应进行检查，并认真填写检查记录表。对检查中发现的不符合规定的情况，应签发安全检查整改通知单，限期整改，并跟踪验证。

【案例】2008 年 6 月 1 日下午，某客运专线铁路工程施工工地，一台打桩机铁架移位突然倒下，导致在铁架上操作的工人被砸，致 1 死 1 伤。

三、柱锤冲扩桩

(一)施工技术简介

柱锤冲扩法(DDC 工法,见图 2-17)采用直径 300～500 mm、长度 2～6 m、质量 1～8 t的柱状锤(简称柱锤),通过自行杆式起重机或其他专用设备,将柱锤提升至距地面一定高度后下落,在地基土中冲击成孔,并重复冲击至设计深度,在孔内分层填料、分层夯实形成桩体,同时对桩间土进行挤密,形成复合地基。在桩顶部也设置 200～300 mm 厚砂石垫层。

图 2-17　DDC 工法施工

(二)施工质量

施工过程中应随时检查施工记录及现场施工情况,并对照预定的施工工艺标准,对每根桩进行质量评定。对质量有怀疑的工程桩,应用重型动力触探进行自检。

冲扩桩施工结束后 7～14 d 内,可采用重型动力触探对桩身及桩间土进行抽样检验,并对处理后桩身质量及复合地基承载力作用进行评价。检验点数可按冲扩桩总数的 2%计。每一单体工程桩身及桩间土总检验点数均不应少于 6 点。

基槽开挖后,应检查桩位、桩径、桩数、桩顶密实度及槽底土质情况。如发现漏桩、桩位偏差过大、桩头及槽底土质松软等质量问题,应采取补救措施。

(三)安全技术要点

(1)施工机械应有自动脱钩装置,作业前应检查钢丝绳及卡扣等情况。

(2)柱锤装配时应连接牢固。施工时柱锤应对准桩位并保持垂直。

(3)柱锤在升降过程中禁止作业人员向孔内填料。

(4)柱锤冲扩桩施工作业应进行检查,并认真填写检查记录表。对检查中发现的不符合规定的情况,应签发安全检查整改通知单,限期整改,并跟踪验证。

第五节　深层密实法

一、灰土挤密桩

(一)施工技术简介

灰土挤密桩利用沉管、冲击或爆扩等方法在地基中挤土成孔,然后向孔内夯填素土或灰土成桩。成桩时，通过成孔过程中的横向挤压作用，桩孔内的土被挤向周围，使桩间土得以挤密，然后将备好的素土(黏性土)或灰土分层填入桩孔内，并分层捣实至设计高程。用素土分层夯实的桩体，称为土挤密桩；用灰土分层夯实的桩体，称为灰土挤密桩。二者分别与挤密的桩间土组成复合地基，共同承受基础的上部荷载。

灰土挤密桩施工流程如下：

(1)处理区段地基土的含水率宜接近最佳含水率，当土的含水率低于12%时，宜对处理范围内的土层进行增湿。增湿处理应在地基处理前4～6 d完成，需增湿的水通过一定数量和一定深度的渗水孔均匀地渗入处理范围的土层中。

(2)机械按设计桩位就位。

(3)成孔至设计深度。

(4)孔底夯实，向孔内分层填筑拌合均匀的灰土，夯实至设计要求。

(5)成孔和孔内回填的施工顺序，当整片处理时，宜从中间向外间隔1～2孔进行；当局部处理时，宜由外向内间隔1～2孔进行。

(6)成桩成片后应及时填筑灰土，并碾压至设计要求。

(二)安全技术要点

(1)施工前应评估挤密作业对影响范围内的既有建(构)筑物和设备的影响，并根据评估结果挖防振沟或选用适宜的施工方法。

(2)挤密作业应从逐渐远离既有建(构)筑物及设备方向顺序施工。

(3)成孔后应及时填料，成排施工时应间隔进行。

(4)挤密桩施工作业中应进行检查，并认真填写检查记录表。对检查中发现的不符合规定的情况，应按签发安全检查整改通知单，限期整改，并跟踪验证。

二、强　　夯

1. 施工方法简介

强夯法又称动力固结法，是将重锤(一般为10～40 t，国外曾有过锤重200 t的报道)从高处(10～40 m)自由下落，夯击地基，从而使地基土的强度得到提高、压缩性得到降低的方法。如图2-18和图2-19所示。

强夯施工流程如下：

①强夯设备就位，使夯锤对准夯点位置；

②将夯锤起吊到预定高度，夯锤脱钩自由下落，完成一次夯击。若发现因坑底倾斜而造成夯锤歪斜时，应及时将坑底整平；

③按试夯确定的夯击次数及控制标准，完成一个夯点的夯击；

④完成第一遍全部夯点的夯击后，应平整夯坑，并测量场地高程；

⑤在规定的间隔时间后，按上述步骤逐次完成全部夯击遍数，最后用低能量满夯将表层松土夯实或碾压达到设计要求。

2. 安全技术

(1)强夯机械的性能应满足施工的要求，并根据计算结果设置必要的辅助门架或采取其他稳固措施。

(2)施工防护应符合下列规定：

①施工现场应封闭管理并按规定设置安全警示标志，由专人负责统一指挥；

图 2-18　夯锤起吊到预定高度

图 2-19　夯锤脱钩自由落下

②当强夯施工产生的振动对邻近建(构)筑物和设备产生影响时,应设置相应的监测点,必要时应挖设防振沟;

③应在吊锤机械驾驶室前不影响司机视线的情况下设防护网,司机应佩戴防护镜,防止弹石。

(3)强夯施工时应符合下列规定:

①夯机的作业场地应平整,门架底座与夯机触地部位应保持水平,当下沉超过 100 mm时,应重新垫高并保持稳定。

②施工前应检查机械各部位的状态、钢丝绳的完好情况并试夯。

③起吊夯锤速度应均匀,夯锤或挂钩不得碰吊臂,并在适当位置挂轮胎等进行防护;严禁锤上站人随锤提升。

④夯锤下落后,在吊钩降至夯锤吊环附近时,操作人员方可下坑挂钩。

⑤在夯锤起吊及下落过程中,填筑及清土人员应撤离至安全地点。

⑥作业完成后,夯锤应放实在地面。

【案例】现场管理混乱致夯锤砸死人

(1)事故概况

2007 年 10 月 10 日 20 时许,某铁路路基的地基加固工地,一强夯机夯锤将一路人砸成肉饼,现场异常惨烈。

(2)事故原因

①施工单位现场管理混乱,施工现场无安全警示标志,也没有设置围栏;

②现场的安全人员无资质,当该路人进入施工区域时,安全员没有阻拦,更没有示意机械操作人员;

③操作人员意识到有人通行时,也没有停止起吊、夯锤。

(4)强夯机移动时,应有专人指挥,作业人员应注意防止强夯机造成人身伤害。

【案例】因司机视线受影响导致安全事故

(1)事故概况

2008 年 1 月 24 日上午 10 时许,某施工现场一位 20 岁的工人被缓缓倒退的强夯机从下身碾过,该工人的左膝盖以下和右脚全被碾碎。

(2)事故原因

①现场管理混乱,无专人指挥。

②作业人员安全意识差，强夯机操作员无资质。被碾压的工人为新工人，未受过安全培训。

(5)变换夯位后，应重新检查门架支腿，然后再将锤提升 100～300 mm，检查整机的稳定性，确认可靠后方可作业。

(6)强夯和强夯置换施工作业应按相关内容进行检查，并认真填写检查记录表。对检查中发现的不符合规定的情况，应签发安全检查整改通知单，限期整改，并跟踪验证。

(7)强夯机应做好维护、保养，发现问题及时检查维修。

【案例】某工程地处沙漠地区，风沙环境恶劣，地面温度高达 50 ℃，对项目部大型强夯设备的维护保养提出了考验。2009 年 6 月 15 日，项目员工王新民在进行设备例行检查交接工作时，听到机械运转声音有些不大正常，便立即向机组长回报，经停车检查，这台强夯机因风沙和气候影响，造成极不易损坏的大臂滑轮开裂。通过认真细致的检查和维护，项目部及早发现了设备隐患，避免了一次重大事故。

第六节 其他方法

一、土工合成材料垫层

土工合成材料具有加筋、隔离、防护、防渗、过滤和排水等多种功能。通过土工织物或土工网、土工格栅、土工格室补强地基，提高路基的整体稳定性。其铺设方法如下：

①铺设的下承层表面应整平、压实，并清除表面坚硬凸出物；

②铺设时，应将强度高的方向置于路堤主要受力方向，当设计有特殊要求时按设计铺设；

③土工合成材料的连接应牢固，受力方向连接强度不低于设计抗拉强度；

④土工合成材料铺设时，必须拉紧展平插钉固定，并应与路基面密贴，不得有褶皱扭曲；

⑤铺设多层土工合成材料时，其上、下层接缝应交替错开，错开距离不宜小于 0.5 m；

⑥土工合成材料不得直接铺设在碎石等坚硬的下承层上，应在土工合成材料和碎石之间铺设 5 cm 厚的中、粗砂保护层；

⑦土工合成材料铺好后应按设计要求铺回折段，并及时用砂覆盖；

⑧严禁碾压及运输等设备直接在土工合成材料上碾压或行走作业。

二、洞穴处理

洞穴处理一般方法如下：

①清除浅溶洞中淤泥及其它松软沉积物。先铲除溶洞表面溶蚀部分，将洞壁倾斜部分做成台阶。

②填片石及水泥土组成的混合物，回填密实。

③压浆加固处理，应符合下列要求：

(a)按设计要求或由现场试验确定的配合比配置水泥砂浆；

(b)加固地基前，通过试验确定注浆孔深度、孔距及注浆压力等有关技术参数；

(c)按设计要求布置钻孔，宜为梅花型布置，地质钻成孔；

(d)应按设计要求预留一定数量的检查孔，并按设计要求进行质量控制和检测；

(e)利用注浆孔进一步探明地质情况，当岩溶的范围和深度与设计不符时，应及时反馈给有关单位，提出设计变更。

三、灌 浆 法

灌浆法利用液压、气压或电化学原理，通过注浆管把浆液均匀地注入地层中，浆液以填充、渗透和挤密等方式，赶走土颗粒间或岩石裂隙中的水分和空气后占据其位置，经一定时间后，浆液将原来松散的土粒或裂隙胶结成一个整体，形成一个结构新、强度高、防水性能好和化学稳定性良好的“结石体”。

第三章　路堑施工安全

第一节　概　　述

路堑施工应考虑下列主要危险源、危害因素：

(1)高边坡、不良地质、周边环境复杂的路堑工程；

(2)施工影响范围内的既有建(构)筑物、设备、管线等；

(3)毗邻和施工范围内的既有交通设施；

(4)影响施工的水；

(5)危岩和坡面坡顶危石；

(6)爆破器材的运输、储存、使用、销毁等及爆破施工；

(7)弃土作业。

高边坡、不良地质段、周边环境复杂、爆破施工等路堑工程应编制专项施工方案。

挖掘机、装载机、铲运机等机械进场前，应调查行驶道路和作业现场的情况，了解影响范围内既有建(构)筑物和设备的分布，探明地下和空中的管线并制定相应的安全措施。作业场地及行走范围应保持平整并满足相应的承载力等要求。

机械系统的能力应与施工要求相匹配，现场装配应由专业人员负责；作业时应严格按照操作规程操作；大型机械作业或多机配合作业时，应设专人，统一协调指挥；作业人员登高检查或维修时应系安全带并防止坠物伤人。

大雾、暴雨、大风等气候条件下应提前对现场机械采取防护措施，情况特别恶劣时应停止作业。

路堑工程施工期间，应由专人对施工影响范围内的情况进行监测、巡查，发现异常应立即停工，撤离机具和人员，并及时采取安全措施。

路堑开挖前，应先做好引、截、排水和防渗设施。施工中如遇地下水涌出，应先排水，后开挖，每级边坡开挖后应及时施做坡面防护和排水设施。

开挖高陡边坡、崩塌、落石和岩堆地段路堑，应先清理危石，修建拦截设施，并设警示标志和专人防护。

【案例】2009年10月，郑西客运某施工单位对DK303+143涵出入口两侧边坡刷坡时，发生边坡垮塌，事故造成8人死亡，仅向地方报告，未向建设单位报告，直到2010年4月才逐级上报建设单位。

铁建设〔2009〕40号文：信用评价扣25分；建工电[2010]59号电报：取消施工单位11个项目投标资格。

高处作业必须制定安全技术措施，工艺复杂、危险性较大的工程应编制安全专项施工方案。高处作业人员必须定期进行体检，必须经过专业技术培训，特殊工种人员必须持证上岗。施工前，应逐级进行安全技术教育及交底，落实所有安全技术措施。

高处作业必须系安全带，安全带应挂在牢固的物件上，严禁在一个物件上拴挂多根安全带或一根安全带上拴多人。作业人员必须从专用的通道或爬梯上下，严禁攀登脚手架。攀登的用具、结构构造必须牢固可靠。

高处作业所需的安全防护用品及防护设施、标志、工具、仪表、电器设施，必须在施工前进行检查或试验合格，方可投入使用；作业人员必须正确佩戴和使用防护用品。高处作业所用的物料、机具、工具等，必须堆平放稳，不得妨碍通行和装卸。对有可能坠落的物件必须先行撤除或加以固定。

对进行高处作业的高耸建筑物、构筑物等，应按规定设置避雷设施；遇有六级及以上强风、暴雨、浓雾等恶劣天气，严禁进行室外攀登与悬空作业。暴风雪及台风暴雨前后，应对高处作业安全设施逐一检查，发现异常立即采取加固措施。雨雪天气进行高处作业时，必须采取可靠的防滑、防寒、防冻措施，及时清除水、雪、冰、霜。

清理危石、刷坡应自上而下进行，严禁上下重叠作业。

第二节　土质及软岩路堑施工安全要点

一、路堑开挖方法简介

挖土前，应按施工设计规定对建(构)筑物、现有管线、排水设施实施迁移或加固；施工中，应对加固部位经常检查、维护，保持设施的安全运行；在施工范围内可不迁移的地下管线等设施，应坑探、标识，并采取保护措施。

路堑挖掘应自上而下分层进行，严禁掏洞挖土；挖土作业中断和作业后，其开挖面应设稳定的坡度；路堑边坡开挖应遵守设计文件的规定；当实际地质情况与原设计不符时，应及时向监理工程师、设计单位和建设单位提出变更设计要求，并办理手续；保持边坡稳定，施工安全。

施工中遇路堑边坡为易塌方土壤不能保持稳定时，应及时向监理工程师、设计单位和建设单位提出变更设计要求，并办理手续。路堑边坡设混凝土灌注桩、地下连续墙等挡土墙结构时，应待挡土墙结构强度达设计规定后，方可开挖路堑土方。

在路堑底部边坡附近设临时道路时，临时道路边线与边坡线的距离应依路堑边坡坡度、地质条件、路堑高度而定，且不宜小于 2 m；在路堑清方中发现瞎炮、残药、雷管时，必须由爆破操作工及时处理，并确认安全。

挖土中，遇文物、爆炸物、不明物和原设计图纸及管理单位未标注的地下管线、构筑物时，必须立即停止施工，保护现场，向上级报告，并和有关管理单位联系，研究处理措施，经妥善处理，确认安全并形成文件，方可恢复施工。在天然湿度土质的地区开挖土方时，如果砂土和砂砾石开挖深度不超过 1.0 m、亚砂土和亚黏土开挖深度不超过 1.2 m、黏土开挖深度不超过 1.5 m，当地下水位低于开挖基面 50 cm 以下时，可挖直槽(坡度为 1∶0.05)。

由于附近建(构)筑物等条件所限，路堑坡度不能按设计规定挖掘时，应根据建(构)筑物、工程地质、水文地质、开挖深度等情况，向设计单位、监理工程师和建设单位提出对建(构)筑物采取加固措施的建议，并办理有关手续，保障建(构)筑物和施工安全。

机械挖掘时，必须避开建(构)筑物和管线，严禁碰撞；在距现有直埋缆线 2 m 范围内，必须人工开挖，严禁机械开挖，并应邀请管理单位派人现场监护；在距各类管道 1 m 范围内，应人工开挖，不得机械开挖，并宜邀请管理单位派人现场监护。使用推土机时，要严格按照施工机械相关安全技术交底的要求施工，在陡坡或深路堑、沟槽区推土时，应有专人指挥，其垂直边坡高度不得大于 2 m。运输挖掘机械应根据运输的机械质量、结构形式、运输环境等选择相应的平板拖车，制定运输方案，采取相应的安全技术措施。施工中严禁在松动危石、有坍塌危险的边坡下方作业、休息和存放机具材料。用挖掘机械挖土应符合下列要求：

(1)挖土作业应设专人指挥。指挥人员应在确认周围环境安全、机械回转范围内无人和障碍物后，方可向机械操作工发出启动信号；挖掘过程中，指挥人员应随时检查挖掘面和观察机械周围环境状况，确认安全。

(2)挖掘路堑边缘时，边坡不得留有伞沿和松动的大块石。发现有塌方征兆时，必须立即将挖掘机械撤至安全地带，并采取安全技术措施。

(3)机械行驶和作业场地应平整、坚实、无障碍物；地面松软时应结合现状采取加固措施。

(4)遇岩石需爆破时，现场所有人员、机械必须撤至安全地带，并采取安全保护措施，待爆破作业完成，解除警戒，确认安全后，方可继续开挖。

(5)严禁挖掘机在电力架空线路下方挖土，需在其一侧作业时，机械与架空线路必须保持相应的安全距离。

人工挖土应符合下列要求：

(1)路堑开挖深度大于 2.5 m 时，应分层开挖，每层的高度不得大于 2.0 m，层间应留平台。平台宽度，对不设支护的槽与直槽间不得小于 80 cm；设置井点时不得小于 1.5 m；其他情况不得小于 50 cm。

(2)作业现场附近有管线等构筑物时，应在开挖前掌握其位置，并在开挖中对其采取保护措施，使管线等构筑物处于安全状态。

(3)严禁掏洞和在路堑底部边缘休息；作业人员之间的距离，横向不得小于 2 m，纵向不得小于 3 m。

二、路堑施工的安全要求

(1)路堑施工，无论采取何种开挖方法，均应保证在开挖过程中及竣工后排水畅通。施工时应及时做好堑顶截、排水及地下水的排水工作，排除一切可能影响边坡稳定的地面水和地下水，并随时检查和做到：

①开挖区保持排水系统畅通，并与原排水系统相适应；

②排出的水不得危及路基及附近建筑物地基、道路和农田等；

③对边坡开挖过程中出现的地下水，在采取临时排水措施后方能继续开挖；

④岩溶地区，堑顶或基底的岩溶水、上升泉水应进行治理，不得任意堵塞出水口或任意抽水，以免发生突发性坍陷；

⑤堑顶为土质或含有软弱夹层的岩石时，天沟应及时铺砌或采取其他防渗措施，以确保边坡稳定；

⑥天沟、侧沟及其他引、截、排水设施严禁挖筑在未加处理的虚渣、弃土上，沟坡、沟底要平顺，沟内无浮土、杂物。

【案例】兰青线边坡塌方，T28 列车距事故发生地点仅 30 m

(1)事故概况

2008 年 5 月 3 日 10 时 38 分，青藏公司新建兰青线上行 K116＋210 处右侧路堑边坡塌方上道，掩埋线路 45 m，幸被巡线民警和护路联防队员及时发现，并将正在运行的 T28 次旅客列车拦停在塌方体前 30 m 处，上行线中断行车 4 h35 min。

(2)事故原因

①天沟设计方案不合理。为了减少拆迁工作量，兰青二线施工指挥部、设计院、施工单位

等违反设计标准，擅自取消路堑顶防渗护道，将路堑顶部村民多年灌溉渠作为路堑天沟，是导致发生此次事故的主要原因。

②重点隐患监控不到位。2008 年 2 月 27 日，西宁工务段在安全检查中对多处地段村民灌溉渠作为路堑天沟的问题已向兰青二线指挥部进行了汇报，但对这一严重影响行车安全的关键问题，工务段没有盯死盯住，更没有及时派人看守。

③安全责任不落实。2008 年 2 月 13 日公司交班会议，提出了村民春灌可能影响行车安全的问题，对村民放水时间、看守人员等相关工作也进行了部署。但责任是否落实，存在的问题是否整改却疏于管理，甚至在接到西宁工务段反映村民灌溉渠作为路堑天沟将影响行车安全的情况汇报后，也没有引起足够的重视，公司设备管理单位没有及时督促有关部门进行整改。

(2)路堑开挖时，应经常注意坡面的稳定情况。每次开工、收工前均应对坡面、坡顶附近进行认真检查，发现有裂缝和坍方的迹象或有危石、危土时，应立即处理。开挖坡面应尽可能地接近设计坡度，坡面上的松动块石应及时清除干净。凡不能处理且对施工安全有威胁时，应暂停施工，并报告上级处理。

(3)开挖应自上而下进行，防止因开挖不当造成坍塌，严禁掏底开挖。

(4)在开挖过程中，若岩层的走向、倾角不利于边坡稳定危及施工安全，应及时采取措施：

①顺层开挖，不挖断岩层；

②采取减弱施工振动的措施；

③在设有挡土墙的上述地段，应采取短开挖或马口开挖，并设临时支护等措施。

(5)人力挖掘时，两人操作的间距不得小于 2～3 m。严禁在危石下方工作、休息和存放机具。数人同撬一石，必须统一指挥，动作一致。

(6)开挖工作应与装、运作业面错开，严禁上下重叠作业。

(7)在高于 3 m 的坡面上作业时，必须系安全绳；在路堑内作业时，必须戴安全帽；在高陡斜坡、冰冻及泥泞的地方作业时，应注意防滑，禁止穿高跟鞋、凉鞋及拖鞋。严禁在同一安全桩上系几根安全绳和在一根安全绳上系几人。安全桩必须牢固可靠。

(8)严禁有间发性癫痫、高血压、心脏病史及恶性贫血者担任撬石和高边坡作业。

(9)改建既有线及增建第二线时，在原有路基稳定性可能受影响的地段，应采取安全防护措施及防止变形或加固建筑物的措施。

(10)在运营线上开挖路堑应周密安排施工，不应使轨道和设备受到损伤，并必须在封锁时间内完成作业，确保线路按时安全开通。

三、弃土堆安全作业规定

(1)应对弃土场的情况进行核查，并严格按设计位置弃土，不得超量堆弃。路堑弃土应按计划，整齐地堆在路的一侧或两侧，以及距铁路较远的荒山、空地等。

(2)弃土堆位置与高度的确定要保证路堑边坡和自身的稳定，并考虑地形以及对附近建筑物、农田、水利、河道、交通的影响。土场应选择在岔沟、弯道下方和跌水的上方，土场两端不能有集流洼地和冲沟。

(3)不得在路堑上方弃土；严禁在不良地质体上、不稳定斜坡上和膨胀土(岩)、黄土等特殊岩土堑顶上方弃土。弃土堆若置于山坡上侧，应连续堆积，并应保证弃土堆本身及路堑边坡的稳定；若置于山坡下侧，应间断堆积，另隔适当距离留有缺口，以保证弃土堆内侧地面水能顺利排出；当沿河弃土时，不得弃入河道，阻塞河流，挤压桥孔或涵管口，以免改变水流方向和加剧对河岸的冲刷，或造成泥石流危害下游。在地面横坡陡于 1∶5 的路堤边坡上和浸水的路堤边坡上，不得堆置弃土；必须堆置时，应采取加强路堤边坡稳定的措施。当路堑土质松软或在岩层倾向线路且倾角对边坡不利的地段，不得在堑顶设置弃土堆。严禁在岩溶漏斗处和暗河口弃土，严禁贴近桥墩台弃土，防止造成偏压。

(4)弃土场应及时做好防排水设施，严禁在岩溶漏斗、暗河口等位置和铁路上游的沟槽内弃土，避免堵塞水流通道。应在弃土堆坡脚拦砟坝或支挡结构施工完成后方可弃土。

(5)应采取措施保证弃土堆自身的稳定，不得影响铁路工程和运营的安全，并防止产生泥石流等次生灾害。

(6)土场的上游汇水面积不宜过大。

(7)土场的地形应口小肚大，库容量大。

四、土方工程施工作业的安全要点

(1)人工挖掘土方必须遵守下列规定：

①开挖土方的操作人员之间，必须保持足够的安全距离：横向间距不小于 2 m，纵向间距不小于 3 m；

②土方开挖必须自上而下，顺序放坡进行，严禁采用挖空底脚的操作方法。

(2)在靠近建筑物、设备基础、电杆及各种脚手架附近挖土时，必须采取安全防护措施。路堑施工应分段分层开挖、支护。作业面应相互错开，严禁上下重叠作业。

(3)高陡边坡处施工必须遵守下列规定：

①作业人员必须绑系安全带；

②边坡开挖中如遇地下水涌出，应先排水，后开挖；

③开挖工作应与装运作业面相互错开，严禁上下双重作业；

④弃土下方和有滚石危及范围内的道路，应设警告标志，作业时坡下严禁通行；

⑤坡面上的操作人员对松动的土、石块必须及时清除，严禁在危石下方作业、休息和存放机具。

(4)设有支挡工程的地质不良地段，在考虑分段开挖的同时，应分段修建支挡工程。

(5)施工中如发现山体有滑动、崩塌迹象危及施工安全时，应暂停施工，撤出人员和机具，并报上级处理。

(6)滑坡地段的开挖，应从滑坡体两侧向中部自上而下进行，严禁全面拉槽开挖，弃土不得堆在主滑区内。开挖挡墙基槽也应从滑坡体两侧向中部分段跳槽进行，并加强支撑，及时砌筑和回填墙背，施工中应设专人观察，严防坍方。

(7)在落石与岩堆地段施工，应先清理危石和设置拦截设施后再行开挖；其开挖面坡度应按设计进行，坡面上松动石块应边挖边清除。

(8)岩溶地区施工，应认真处理岩溶水的涌出，以免导致突发性的坍陷；泥沼地段施工，应有必要的防范措施，避免人、机下陷。挖出的废土应堆置在合适的地方，以防在汛期造成人为的泥石流。

(9)采用人工挑、抬、运土，应检查箩筐、土箕、抬扛、扁担、绳索等的牢固程度。

(10)会车时应轻车让重车。通过窄路、十字路口、交通繁忙地段及转弯时，应注意来往行人及车辆。重车运行，前后两车间距必须大于 5 m；下坡时，间距不小于 10 m，并严禁车上乘人。车道应有专人维修，悬崖陡壁处应设防护栏杆。

(11)运输车辆不得超载，严禁人料混载。

【案例】人料混装致重大伤亡事故

(1)事故概况

2006年4月18日，小雨。某工程公司在进行路基施工时，装载土石方的自卸汽车，在卸车途中，与回宿舍的施工人员(5人)相遇，为图方便，5名施工人员爬上车斗，在快到达弃渣场的一个转弯处时，路滑导致自卸汽车侧翻，翻入路坡下垂直高度2 m的土坡下。事故导致5名施工人员全部被埋，经抢救无效死亡。司机受轻伤。

(2)事故原因

①雨天路滑，超速行驶，转弯时处置不当是发生事故的直接原因；

②"人料混装"，严重违反交通法规，造成事故中人员伤亡范围及程度的扩大。

运输车辆卸料时，应符合下列规定：

①在陡坡、高坡、坑边处卸料时，应设专人指挥；

②停卸地面必须平整坚实，与边缘保持一定的安全距离；

③自卸车卸料时，应防止刮断电线和伤及人员。

轨道翻斗车运土时，轨道应铺设平顺，防止死弯，坡度不应大于3%。双线的净间距不得小于1 m，平交道两侧的轨道应设长度不小于20 m的直线。卸车地段应有10～15 m的反坡，并在尽头设车挡。操作时必须遵守下列规定：

①斗车及制动装置必须完好，装车前应先插牢锁销，装车不得超载、偏载；

②车辆宜在平道上装土，如在坡道上装土时，必须在下坡方向车轮下加楔，以防车辆滑溜；

③推车人员必须掌好车闸，车速不宜过快，前方有人时应鸣号示意避让；多车同行时，前后间距不得小于20 m；

④卸土时，在下方的作业人员应避开，并应防止车辆倾覆，严禁在行走中卸土，卸土后应将锁销插好；

⑤数车同时卸土，应设专人指挥，两车间距不得小于2 m，其间严禁站人。

(12)装载机向运输车辆卸土石时，应符合下列规定：

①铲斗动作应缓慢，前翻及回位不得碰撞车厢；

②在边坡、濠沟、凹坑装卸时，轮胎离边缘距离应大于1.5 m。

③在大于3°的坡面上，不得前倾卸料。

(13)大型机械进场前，应查清所通过道路、桥梁的净宽和承载力是否足够，否则应先予拓宽和加固。

(14)施工单位应为进场机械提供临时机棚或停机场地。机械在停机棚内起动时，必须保持通风；棚内严禁烟火，机械人员必须掌握所备灭火器材的使用方法。

(15)在电杆附近挖土时，对于不能取消的拉线地垄及杆身，应留出土台。土台半径：电杆为1～1.5 m，拉线为1.5～2.5 m，并视土质决定边坡坡度。土台周围应插标杆示警。

(16)机械在危险地段作业时，必须设明显的安全警告标志，并应设专人站在操作人员能看清的地方指挥。驾机人员只能接受指挥人员发出的规定信号。

(17)机械在边坡、边沟作业时，应与边缘保持必要的安全距离，使轮胎(履带)压在坚实的地面上。

(18)配合机械作业的清底、平地、修坡等辅助工作应与机械作业交替进行。机上、机下人员必须密切配合，协同作业。当必须在机械作业范围内同时进行辅助工作时，应停止机械运转后，辅助人员方可进入。

(19)施工遇有土体不稳、发生坍塌、水位暴涨、山洪暴发或在爆破警戒区内听到爆破信号时，应立即停工，人机撤至安全地点。当工作场地发生交通堵塞，地面出现陷车(机)、机械运行道路发生打滑、防护设施毁坏失效、或工作面不足以保证安全作业时，亦应暂停施工，待恢复正常后方可继续施工。

(20)路堑施工应保证排水通畅。开挖区要保持排水系统通畅，并与原排水系统相适应，排出的水不得危及路基、建筑物和农田；对边坡开挖过程中出现的地下水，要在采取了排水措施后方可继续施工；对于岩溶地区的岩溶水应进行治理，不得任意抽水或者堵塞出水口；堑顶为土质或含有软弱夹层的岩石时，天沟应及时铺砌或者采取其他防渗措施；天沟、侧沟等引、截水设施严禁设在未处理的虚渣、弃土上，要平顺、畅通。

(21)路堑开挖施工应自上而下进行，防止开挖不当造成坍塌，严禁采用局部挖深坑后向四周掏土的方法进行施工开挖。开挖作业应与装、运作业面相互错开，严禁上下重叠作业。

(22)在高于 3 m 的坡面上作业时必须栓安全绳、戴安全帽，在高、陡坡面上作业需注意防滑。严禁在同一安全桩上栓几根安全绳和一根安全绳上栓几个人，安全桩、绳必须牢固可靠。

(23)人机混合作业应设专人负责指挥。进入施工现场的施工人员必须戴安全帽、穿防滑鞋。

(24)要特别注意边坡的稳定问题。施工前后要对坡面、坡顶附近进行检查，有裂缝和坍方迹象或有危石、危土时要立即处理；开挖坡面要尽可能接近设计坡度，坡面要清理干净；不能处理而又对安全构成威胁时，要暂停施工并向上级报告。在山区施工时，边坡开挖坡度的最大容许值，应根据当地经验，参照同类土(岩)质的最大规定坡度值确定。对于土质边坡或易于软化的岩质边坡，在开挖时，应采取相应的排水和坡脚、坡面(喷浆、抹面、嵌补等)保护措施，并避免在影响边坡稳定的范围内积水。

(25)如果出现岩层走向、倾角不利于边坡稳定及施工安全时，应及时采取措施：顺层开挖不挖断岩层，采取减弱振动的措施，在设有挡土墙的地段要短开挖或者马口开挖，并设置临时支护。

(26)当挖方受场地限制而需用较陡的边坡，或不采取放坡，以及在施工中为了减少土方量，或遇地质情况较复杂时，宜采用支撑板加固或混凝土支护。挖土时，支撑好一层，下挖一层，土壁要平直，挡土板要紧贴土面，并用小木桩或横撑木撑住挡板。

(27)挖掘机作业应符合下列规定：

①起动后，铲斗内、管杆、履带和机棚上严禁站人。

②上下坡道的坡度不得超过机械自身允许坡度。

③挖掘时停留地面必须平坦稳固，并应制动履带，轮胎式挖掘机应顶好支腿，车身方向应与挖掘工作面延伸方向一致。

④履带式挖掘机距工作面边缘距离应大于 1.0 m。

⑤作业时，最大开挖高度和深度不得超过机械本身性能的规定。

⑥在高陡工作面上挖掘夹有石块的土方时，应将较大的石块和杂物清除。严禁用铲斗碰砸悬空土石。

⑦挖掘机向运输车辆卸土石时，应降低铲斗，减小卸落高度，防止偏载或砸坏车厢。铲斗回转范围内，严禁人员停留或通过。

(28)严禁在松动危石下方作业。多人相邻挖土时，相互距离不得小于 3 m，禁止面对面开挖作业。严禁在松动危石下方、滑坡体范围内停留和停放机具。

(29)禁止安排患有癫痫、高血压、严重贫血疾病的人员从事撬石和高边坡作业。

(30)在营业线上施工要遵守有关的安全规定。

第三节　路堑石方爆破安全技术

一、爆破作业人员职责

(一)爆破工程技术人员职责

爆破工程技术人员应持有安全作业证。其职责是：

①负责爆破工程的设计和总结，指导施工，检查质量；

②制定爆破安全技术措施，检查实施情况；

③负责制定盲炮处理的技术措施，并指导实施；

④参加爆破事故的调查和处理。

(二)爆破段(班)长职责

爆破段(班)长应由爆破工程技术人员或有三年以上爆破工作经验的爆破员担任。其职责是：

①领导爆破员进行爆破工作；

②监督爆破员切实遵守爆破安全规程和爆破器材的保管、使用、搬运制度；

③制止无安全作业证的人员进行爆破作业；

④检查爆破器材的现场使用情况和剩余爆破器材的及时退库情况。

(三)爆破员、安全员、保管员和押运员任职条件

爆破员、安全员、保管员和押运员应符合以下条件：

①年满 18 周岁，身体健康，无妨碍从事爆破作业的生理缺陷和疾病；

②工作认真负责，无不良嗜好和劣迹；

③具有初中以上文化程度；

④持有相应的安全作业证。

【案例】无爆破安全作业证导致安全事故

(1)事故概况

2000 年 10 月 15 日，中铁某局负责施工的内昆铁路内宜段电气化改造工程，某车站发生路堑石方爆破事故，事故造成施工负责人受重伤。

(2)事故原因

①因该项目部现场施工负责人更换，而工期紧，项目部经理要求新上任的施工负责人加快爆破进度，但施工负责人无爆破执业资格，在项目经理的压力下，自行进行爆破；

②该爆破为浅孔爆破(深约 2 m)，施工人员钻眼时，炮眼方向与最小抵抗线方向重叠，构成严重的安全隐患(极易产生飞石，且飞石多为片状)；

③现场管理混乱，安全警戒距离过小(约 30m)，且现场工人未进行安全教育；

④事故发生时，施工负责人虽已经看见飞石朝他飞去，但是因形状为片状，飞行方向改变，难以躲避，最终造成事故发生。

(四)爆破员的职责

①保管所领取的爆破器材,不应遗失或转交他人,不应擅自销毁和挪作它用;

②按照爆破指令单和爆破设计规定进行爆破作业;

③严格遵守相关规程和安全操作细则;

④爆破后检查工作面,发现盲炮和其他不安全因素应及时上报或处理;

⑤爆破结束后,将剩余的爆破器材如数及时交回爆破器材库;

⑥取得爆破员安全作业证的新爆破员,应在有经验的爆破员指导下实习 3 个月,方准独立进行爆破工作。

爆破员跨越和变更爆破类别应经过专门培训。

(五)安全员职责

安全员应由经验丰富的爆破员或爆破工程技术人员担任,其职责是:

①负责本单位爆破器材购买、运输、储存和使用过程中的安全管理;

②督促爆破员、保管员、押运员及其他作业人员按照相关规程和安全操作细则的要求进行作业,制止违章指挥和违章作业,纠正错误的操作方法;

③经常检查爆破工作面,发现隐患应及时上报或处理,工作面瓦斯超限时有权制止爆破作业;

④经常检查本单位爆破器材仓库安全设施的完好情况及爆破器材安全使用、搬运制度的实施情况;

⑤有权制止无爆破员安全作业证的人员进行爆破工作;

⑥检查爆破器材的现场使用情况和剩余爆破器材的及时退库情况。

(六)爆破器材保管员的职责

①负责验收、保管、发放和统计爆破器材,并保持完备的记录;

②对无爆破员安全作业证和领取手续不完备的人员,不得发放爆破器材;

③及时统计、报告质量有问题及过期变质失效的爆破器材;

④参加过期、失效、变质爆破器材的销毁工作。

(七)爆破器材押运员的职责

①负责核对所押运的爆破器材的品种和数量;

②监督运输工具按规定的时间、路线、速度行驶;

③确认运输工具及其所装运爆破器材符合标准和环境要求,包括几何尺寸、质量、温度、防震等;

④负责看管爆破器材,防止爆破器材途中丢失、被盗或发生其他事故。

二、爆破安全评估

经安全评估审批通过的爆破设计,施工时不得任意更改;经安全评估否定的爆破设计,应重新设计,重新评估。施工中如发现实际情况与评估时提交的资料不符,并对安全有较大影响时,应补充必要的爆破对象和环境的勘察及测绘工作,及时修改原设计,重大修改部分应重新上报评估。

安全评估的内容应包括:

(1)设计和施工单位的资质是否符合规定;

(2)设计所依据资料的完整性和可靠性;

(3)设计方法和设计参数的合理性；

(4)起爆网路的准爆性；

(5)设计选择方案的可行性；

(6)存在的有害效应及可能影响的范围；

(7)保证工程环境安全措施的可靠性；

(8)对可能发生事故的预防对策和抢救措施是否适当。

【案例】 无爆破作业证书、无安全管理措施导致伤亡事故

(1)事故概况

郭某通过关系承包了一段 10 km 的铁路路基工程，随后，将其转包给张某，张某又将其分为三段，分别承包给于某、范某和林某。林某承包的路段由于开山架桥的地方较多，因此雇用了较多的施工人员。为了尽量减少开支，林某明知刘某之子刘甲、刘乙、刘丙无爆破员作业证书，仍以每天 50 元的报酬雇用，并要求刘甲既要完成自己的爆破任务，还要管理好其两个弟弟的爆破作业和负责爆破现场的安全管理。为此，林某每天多给刘甲 20 元。

由于刘甲等人均是当地农民，根本不了解爆破的安全操作规程，在爆破过程中仅仅根据常识进行判断，同时，林某也没有制定或要求刘甲制定安全措施，因此，在爆破施工中，经常发生一些小事故，但林某对之不以为然，直至在一次爆破作业中，刘甲因操作失误，造成 2 人死亡，多人重伤。

(2)事故原因及责任

这是一起由于作业人员缺乏安全作业资格以及违章作业等原因引起的生产安全事故。

根据《安全生产法》第 35 条的规定，生产经营单位进行爆破、吊装等危险作业，应当安排专门人员进行现场安全管理，确保遵守操作规程和落实安全措施。本案中，正是由于施工者没有加强作业现场的安全管理，作业人员不具备相关操作资格，违章作业，结果造成人员伤亡事故。实践表明，发生爆破事故的原因大多是因为没有遵守操作规程和落实安全措施。血的教训要求我们在进行危险作业时必须确保操作规程的遵守和安全措施的落实。此案中，林某应当派专人负责爆破现场的安全管理，但其为了减少开支，没有派专人负责安全管理，而是让刘甲兼任安全管理员。

同时，《安全生产法》还要求爆破现场必须采取必要的安全措施，确保爆破人员遵守操作规程，但是林某既没有做到这一点，也无视多次事故的发生，没有及时采取相应的安全措施，防范重大生产安全事故隐患。另外，林某还违反了《安全生产法》第 41 条关于工程承包的规定。根据该条规定，生产经营单位不得将生产经营项目、场所、设备发包或出租给不具备安全生产条件或者相应资质的单位或者个人。

同时，《安全生产法》第 86 条规定，生产经营单位将生产经营项目、场所、设备发包或者出租给不具备安全生产条件或者相应资质的单位或者个人，导致发生生产安全事故给他人造成损失的，与承包方、承租方承担连带赔偿责任。林某与刘氏兄弟应当承担连带责任。

三、爆破作业环境

爆破前应对爆区周围的自然条件和环境状况进行调查，了解危及安全的不利环境因素，采取必要的安全防范措施。

爆破作业场所有下列情形之一时，不应进行爆破作业：

(1)岩体有冒顶或边坡滑落危险的；

(2)爆破会造成堤坝漏水、河床严重阻塞、泉水变迁的；

(3)爆破可能危及建(构)筑物、公共设施或人员的安全而无有效防护措施的；

(4)危险区边界未设警戒的；

(5)未按现行《爆破安全规程》的要求作好准备工作的。

由于岩石路堑为露天爆破，因此装药前应与当地气象、水文部门联系，及时掌握气象、水文资料，遇以下特殊恶劣气候、水文情况时，应停止爆破作业，所有人员应立即撤到安全地点：

(1)热带风暴或台风即将来临时；

(2)雷电、暴雨雪来临时；

(3)大雾天气，能见度不超过 100 m 时；

(4)风力超过六级，浪高大于 0.8 m 时，水位暴涨暴落时。

采用电爆网路时，应对高压电、射频电等进行调查，对杂散电进行测试，发现存在危险，应立即采取预防或排除措施。

在残孔附近钻孔时应避免凿穿残留炮孔，在任何情况下都不应打钻残孔。

四、爆破器材、起爆方法与起爆网路

各种爆破作业均应使用符合国家标准或行业标准的爆破器材。进行爆破器材加工和爆破作业的人员，不应穿戴产生静电的衣物。在爆破工程中推广应用爆破新技术、新工艺、新器材、新仪表时，应经有关部门或经授权的行业协会批准。在潮湿或有水环境中使用爆破器材，应作防潮防水处理；使用抗水炸药时，应对起爆器材作防水处理。

五、装药

(1)装药前应对作业场地、爆破器材堆放场地进行清理，装药人员应对准备装药的全部炮孔、药壶、蛇穴、药室进行检查。

(2)从炸药运入现场开始，应划定装运警戒区，警戒区内应禁止烟火；搬运爆破器材应轻拿轻放，不应冲撞起爆药包。

(3)在铵油、重铵油炸药与导爆索直接接触的情况下，应采取隔油措施或采用耐油型的导爆索。

(4)各种爆破作业都应做好装药原始记录，记录应包括装药基本情况、出现的问题及其处理措施。

(5)在黄昏和夜间等能见度差的条件下，不宜进行爆破装药工作。如确需进行装药作业时，应有足够的照明设施保证作业安全。爆破装药现场不应用明火照明。爆破装药用电灯照明时，在离爆破器材 20 m 以外可装 220 V 的照明器材，在作业现场使用电压不高于 36 V 的照明器材。

(6)从带有电雷管的起爆药包或起爆体进入装药警戒区开始，装药警戒区内应停电，可采用安全蓄电池灯、安全灯或绝缘手电筒照明。

【案例】路基级配碎石采石场爆破事故

(1)事故概况

某高速铁路路基工程，因需要级配碎石，就建立了一个采石厂。2008 年 5 月 31 日 14 时 50 分左右，在填装爆破炸药过程中，该采石场发生一起爆炸事故，造成 3 人死亡 2 人重伤，其中 2 人当场死亡，1 人因抢救无效于当晚死亡。

(2)事故经过

当日下午 13 时 40 分左右，该厂爆破员朱某和安全员贡某 2 人从爆炸物品临时存放点领取 217 kg 乳化炸药和 12 支电雷管，分两趟送到爆破作业面，当时该作业面 5 名打眼工正在使用电动 90 型潜孔钻（电压 380 V）钻打第 6 个炮眼，安全员贡某随即离开监护现场。这时，爆破员朱某开始将带来的炸药和电雷管向已打好的 5 个炮眼填装炸药和电雷管，当装到第 5 个炮孔时，发现打眼工移机继续打第 7 个炮眼，朱某将炸药和电雷管装进第 5 个炮眼（未填塞）后，便离开作业面现场下山补领电雷管。14 时 50 分左右，该作业面第 5 炮眼突然发生意外爆炸，现场 5 名打眼工当场被炸死炸伤，这突如其来的意外爆炸原因难以确定。

（3）现场勘查

调查组对其原因进行了深入细致的勘查，并对现场乳化炸药和电雷管残骸取样，送交国家民用爆破器材质量监督检验中心进行检测检验，检测检验结果产品均为合格。事故调查组委托爆破专家组又对爆炸事故现场进行了分析认证，现场使用的电雷管除外力直接撞击或高温高压气体冲击起爆外，主要是外来电流的诱爆。

根据专家组分析，由于机械钻机的三根三相电线与已装药的炮眼贴近，在移动中产生感应电流，并作用于电雷管或电雷管连接脚线，感应电流作用于电雷管，发生爆炸。

（4）事故原因

用于爆破作业的民用爆破器材（雷管、炸药），由于本身的易爆性和爆炸过程中的不确定性，在实际使用过程中，如填装炸药、起爆和爆破后处理不当，警戒不严，信号不明，安全距离不够，违规违章或人为失误等原因，极易造成人员伤亡和设备毁坏的危险。

该作业面共钻打炮眼（80 cm×9 cm）7 个，每个炮眼间距为 1.2 m 以上，炮眼呈单行排序不规则，炮眼间距不一致。爆炸时，第 7 个炮孔仍在钻孔作业。钻机电源线选用户外绝缘导线，电线为移动式临时绝缘导线，沿作业地面铺设。爆炸后经查确认，装药填塞完好的 4 个炮眼未炸，未作填塞的第 5 个炮眼为爆炸点。经安监、公安等部门人员和专家组成的事故技术组对现场勘查确认，意外事故是因严重违规违章交叉作业所致。

其一，事故肇事者爆破员朱某明知爆破预装药危险作业区域严禁任何作业和人员在场的严格规定，但仍然进行预装药危险操作，严重违反了国家《爆破安全规程》规定；其二，打眼作业负责人熊某从事打眼作业多年，对打眼与预装药同时交叉作业的违规违章行为所造成的严重后果估计不足，在爆破员预装药时仍然盲目冒险进行钻孔作业；其三，安全员兼监炮员贡某明知严重违规违章作业的事故隐患未排除，既没有强行制止，又擅离职守；其四，企业内部安全管理制度落实不到位，对打眼和预装药同时交叉作业的严重违规违章等事故隐患采取的强制措施不力，单位主要负责人和安全管理人员工作责任性不强、安全意识淡薄。

（7）人工装药时，应注意以下问题：

①炮孔及药壶、蛇穴装药，应使用木质或竹制炮棍。

②不应投掷起爆药包和敏感度高的炸药，起爆药包装入后应采取有效措施，防止后续药卷直接冲击起爆药包。

③装药发生卡塞时，若在雷管和起爆药包放入之前，可用非金属长杆处理。装入起爆药包后，不应用任何工具冲击、挤压。

④在装药过程中，不应拔出或硬拉起爆药包中的导火索、导爆管、导爆索和电雷管脚线。

（8）机械化装药，应注意以下问题：

①粒状铵油炸药露天装药车应符合以下规定：

（a）车厢用耐腐蚀的金属材料制造，厢体应有良好的接地；

（b）输药软管应使用专用半导体材料软管，钢丝与厢体的连接应牢固；

(c)装药车整个系统的接地电阻不应大于 10^5 Ω;

(d)输药螺旋与管道之间应有足够的间隙;

(e)发动机排气管应安装消焰装置,排气管与油箱、轮胎应保持适当的距离;

(f)应配备灭火器。

②小孔径炮孔及药壶爆破使用的装药器应符合下列规定:

(a)装药器的罐体应使用耐腐蚀的导电材料制作;

(b)输药软管应采用专用半导体材料软管;

(c)整个系统的接地电阻不应大于 0.1 MΩ。

③采用装药车、装药器装药时应遵守下列规定:

(a)输药风压不应超过额定风压的上限值;

(b)不应用不良导体垫在装药车下面;

(c)拔管速度应均匀,并控制在 0.5 m/s 以内;

(d)返用炸药应过筛,不应有石块和其他杂物混入。

(9)现场混制装药车应注意以下问题:

①混装车驾驶员、操作工应经过严格培训和考核,熟练掌握混装车各部分的操作程序和使用、维护方法,持证上岗。

②混装车上料前应对计量控制系统进行检测标定。配料仓不应有其他杂物;上料时不应超过规定的物料量;上料后应检查输药软管是否畅通。

③混装车应配备消防器具,接地良好,进入现场应悬挂危险标志。

④混装车行驶速度不应超过 40 km/h,扬尘、起雾、暴风雨等能见度差时速度减半;在平坦道路上行驶时,两车距离不应小于 50 m;上山或下山时,两车距离不应小于 200 m。

⑤装药前,应先将起爆药柱、雷管和导爆索按设计要求加工好并按设计要求放入炮孔内。

⑥混装药车行车时不应压、刮、碰坏爆破器材。

⑦装药前应对炸药密度进行检测,检测合格后方可进行装药。装药过程中,应至少抽测一次密度。

⑧装乳化炸药和重铵油炸药时,对干孔应将输药软管末端下至孔口填塞段以下 0.5～1 m 处;对水孔应将输药软管末端尽量下至孔底。

⑨装药时应进行护孔,防止孔口岩屑、岩渣混入炸药中。岩装药满孔影响填塞时,可用竹杆类工具将其掏出。

⑩装药完毕至少 10 min 后经检验合格才可进行填塞,应测量塞段长度是否符合爆破设计要求。

⑪装药至最后一个炮孔时,宜将软管中剩余炸药吹入炮孔中。

⑫装药完毕应用水将软管内残留炸药冲洗干净。

⑬现场混制装药车地面制备厂的设置与管理应按 GB 50089 的有关规定执行。

六、填　塞

(1)硐室、深孔、浅孔、药壶、蛇穴爆破装药后都应进行填塞,不应使用无填塞爆破(扩壶爆破除外)。

(2)不应使用石块和易燃材料填塞炮孔。

(3)水平孔和上向孔填塞时,不应在起爆药包或起爆药柱至孔口段直接填入木楔。

(4)不应捣鼓直接接触药包的填塞材料或用填塞材料冲击起爆药包。

(5)分段装药的炮孔,其间隔填塞长度应按设计要求执行。

(6)发现有填塞物卡孔应及时进行处理(可用非金属杆或高压风处理)。

(7)深孔机械填塞应注意:

①填塞作业应避免夹扁、挤压和拉扯导爆管、导爆索,并应保护雷管引出线;

②当填塞物潮湿、粘性较大或表面冻结时,应采取措施防止将大块装入孔内;

③填塞水孔时,应放慢填塞速度,让水排出孔外,避免产生悬料。

七、爆破警戒和信号

(一)爆破警戒

(1)装药警戒范围由爆破工作领导人确定,装药时应在警戒区边界设置明显标志并派出岗哨。

(2)爆破警戒范围由设计确定。在危险区边界,应设有明显标志,并派出岗哨。

(3)执行警戒任务的人员,应按指令到达指定地点并坚守工作岗位。

(二)信　　号

(1)预警信号。该信号发出后爆破警戒范围内开始清场工作。

(2)起爆信号。起爆信号应在确认人员、设备等全部撤离爆破警戒区,所有警戒人员到位,具备安全起爆条件时发出。起爆信号发出后,准许负责起爆的人员起爆。

(3)解除信号。安全等待时间过后,检查人员进入爆破警戒范围内检查、确认安全后,方可发出解除爆破警戒信号。在此之间,岗哨不得撤离,不允许非检查人员进入爆破警戒范围。

(4)各类信号均应使爆破警戒区域及附近人员能清楚地听到或看到。

八、爆后检查

(一)爆后检查等待时间

(1)对浅孔爆破,爆后应超过 5 min,方准许检查人员进入爆破作业地点;如不能确认有无盲炮,应经 15 min 后才能进入爆区检查。

(2)对深孔及药壶、蛇穴爆破,爆后应超过 15 min,方准检查人员进入爆区。

(3)爆破经检查确认爆破点安全后,经当班爆破班长同意,方准许作业人员进入爆区。

(二)爆后检查内容

一般岩土爆破应检查的内容:

(1)确认有无盲炮;

(2)露天爆破爆堆是否稳定,有无危坡、危石。

(三)处　　理

(1)检查人员发现盲炮或其他险情,应及时上报或处理;处理前应在现场设立危险标志,并采取相应的安全措施,无关人员不应接近。

(2)发现残余爆破器材应收集上缴,集中销毁。

九、盲炮处理

(一)一般规定

(1)处理盲炮前应由爆破领导人定出警戒范围,并在该区域边界设置警戒,处理盲炮时无关人员不准许进入警戒区。

(2)应派有经验的爆破员处理盲炮，硐室爆破的盲炮处理应由爆破工程技术人员提出方案并经单位主要负责人批准。

(3)电力起爆发生盲炮时，应立即切断电源，及时将盲炮电路短路。

(4)导爆索和导爆管起爆网路发生盲炮时，应首先检查导爆管是否有破损或断裂，发现有破损或断裂的应修复后重新起爆。

(5)不应拉出或掏出炮孔和药壶中的起爆药包。

(6)盲炮处理后，应仔细检查爆堆，将残余的爆破器材收集起来销毁；在不能确认爆堆有无残留的爆破器材之前，应采取预防措施。

(7)盲炮处理后应由处理者填写登记卡片或提交报告，说明产生盲炮的原因、处理的方法和结果、预防措施。

(二)裸露爆破的盲炮处理

处理裸露爆破的盲炮，可去掉部分封泥，安置新的起爆药包，加上封泥起爆；如发现炸药受潮变质，则应将变质炸药掏出销毁，重新敷药起爆。

(三)浅孔爆破的盲炮处理

(1)经检查确认起爆网路完好时，可重新起爆。

(2)可打平行孔装药爆破，平行孔距盲炮不应小于 0.3 m；对于浅孔药壶法，平行孔距盲炮药壶边缘不应小于 0.5 m。为确定平行炮孔的方向，可从盲炮孔口掏出部分填塞物。

(3)可用木、竹或其他不产生火花的材料制成的工具，轻轻地将炮孔内填塞物掏出，用药包诱爆。

(4)可在安全地点外用远距离操纵的风水喷管吹出盲炮填塞物及炸药，但应采取措施回收雷管。

(5)处理非抗水硝铵炸药的盲炮，可将填塞物掏出，再向孔内注水，使其失效，但应回收雷管。

(6)盲炮应在当班处理，当班不能处理或未处理完毕，应将盲炮情况(盲炮数目、炮孔方向、装药数量和起爆药包位置、处理方法和处理意见)在现场交接清楚，由下一班继续处理。

(四)深孔爆破的盲炮处理

(1)爆破网路未受破坏，且最小抵抗线无变化者，可重新联线起爆；最小抵抗线有变化者，应验算安全距离，并加大警戒范围后，再联线起爆。

(2)可在距盲炮孔口不少于 10 倍炮孔直径处另打平行孔装药起爆。爆破参数由爆破工程技术人员确定并经爆破领导人批准。

(3)所用炸药为非抗水硝铵类炸药，且孔壁完好时，可取出部分填塞物向孔内灌水使之失效，然后做进一步处理。

(五)硐室爆破的盲炮处理

(1)如能找出起爆网路的电线、导爆索或导爆管，经检查正常仍能起爆者，应重新测量最小抵抗线，重划警戒范围，联线起爆。

(2)可沿竖井或平硐清除填塞物并重新敷设网路联线起爆，或取出炸药和起爆体。

【案例】盲炮处理不当致伤亡事故

(1)事故概况

2005 年 7 月 10 日上午 10 时 20 分，某铁路路堑施工工地，实施爆破过程中，由于采用电力起爆，有引线搭接潮湿地面，造成 17 个炮眼形成盲炮。7 月 10 日下午 13 时排除剩余 17 个盲炮，结果未被引爆。16 时 15 分左右，天气变化出现雷雨。16 时 30 分左右，部分已连接好支线的盲炮炮孔突然被雷电引爆，继而发生爆炸，造成 3 人死亡。

(2)事故原因

①直接原因：部分已连接好支线的盲炮炮孔被雷电突然引爆，发生爆炸。

②间接原因：现场违章指挥，没有及时通报现场工人，致使现场出现违规交叉作业。

③重要原因：现场爆破作业未设警戒线，未按照职责对现场的交叉作业、违章操作和雷雨天爆破作业进行制止。

十、露天爆破

(一)一般规定

(1)在爆破危险区内有两个以上的单位(作业组)进行露天爆破作业时，应由有关部门和发包方组织各施工单位成立统一的爆破指挥部，指挥爆破作业。各施工单位应建立起爆掩体，并采用远距离起爆。

(2)同一区段的二次爆破，应采用一次点火或远距离起爆。

(3)松软岩土或砂矿床爆破后，应在爆区设置明显标志，并对空穴、陷坑进行安全检查，确认无塌陷危险后，方准许恢复作业。

(4)天爆破需设避炮掩体时，掩体应设在冲击波危险范围之外并构筑坚固紧密，位置和方向应能防止飞石和炮烟的危害；通达避炮掩体的道路不应有任何障碍。

(二)裸露药包爆破

(1)在人口密集区、重要设施附近及存在有气体、粉尘爆炸危险的地点，不应采用裸露药包爆破。

(2)裸露药包爆破，应使炸药与被爆体有较大接触面积，炸药裸露面用水袋或黄泥土覆盖，覆盖材料中不应含有碎石、砖瓦等容易产生远距离飞散的物质。

(3)安排裸露药包起爆顺序时，应保证先爆药包产生的飞石及空气冲击波不致破坏后爆药包，否则应采取齐发爆破。

(4)除非采取可靠的安全措施，并经爆破工作领导人批准，不应将药包直接塞入石缝中进行爆破。

(5)在沟谷中及特殊气象条件下进行裸露爆破时，应考虑空气冲击波反射、绕射的影响，加大相应方向的安全距离。

(三)浅孔爆破

(1)露天浅孔爆破宜采用台阶法爆破。

(2)在台阶形成之前进行爆破应加大警戒范围。

(3)采用导火索起爆或电雷管、非电导爆管雷管秒延时起爆时，应保证先爆炮孔不会显著改变后爆炮孔的最小抵抗线，否则应采用齐爆或毫秒延时爆破。

(4)装填的炮孔数量，应以一次爆破为限。

(5)在高坡和陡坡上不宜采用导火索点火起爆。

(6)露天采区二次爆破，起爆前应将机械设备撤至安全地点。

(四)深孔爆破

(1)验孔时，应将孔口周围 0.5 m 范围内的碎石、杂物清除干净，孔口岩壁不稳者，应进行维护。

(2)水孔应使用抗水爆破器材。

(3)深孔验收标准是:孔深为±0.5 m,间距为±0.3 m,方位角和倾角为±1°30′;发现不合格时应酌情采取补孔、补钻、清孔、填塞孔等处理措施。

(4)应采用电雷管、非电导爆管雷管或导爆索起爆。采用电爆网路时,应将各联接点导通并对地绝缘,防止多点接地;采用地表延时非电导爆管网路时,孔内宜装高段位雷管,地表用低段位雷管。

(5)爆破工程技术人员在装药前应对第一排各钻孔的最小抵抗线进行测定,对形成反坡或有大裂隙的部位应考虑调整药量或间隔填塞。底盘抵抗线过大的部位,应进行清理,使其符合设计要求。

(6)爆破员应按爆破设计说明书的规定进行操作,不应自行增减药量或改变填塞长度;如确需调整,应征得现场爆破工程技术人员同意并作好变更记录。

(7)在装药和填塞过程中,应保护好起爆网路;如发生装药阻塞,不应用钻杆捣捅药包。

(五)预裂爆破、光面爆破

(1)邻近永久边坡和堑沟、基坑、基槽爆破时,应采用预裂爆破或光面爆破技术,并在主炮孔和预裂孔(光面孔)之间布设缓冲孔;运用该技术时,验孔、装药等应在现场爆破工程技术人员指导监督下由熟练爆破员操作。

(2)预裂孔、光面孔应按设计图纸钻凿在一个布孔面上,钻孔偏斜误差不超过1°。

(3)布置在同一平面上的预裂孔、光面孔,宜用导爆索联接并同时起爆,如环境限制单段药量时,也可以分段起爆。

(4)预裂爆破、光面爆破均应采用不耦合装药,缓冲炮孔可采用不耦合装药和间隔装药。若采用药串结构药包,在加工和装药过程中应防止药卷滑落;若设计要求药包装于孔轴线,应使用专门的定型产品。

(5)预裂爆破、光面爆破都应按设计进行填塞。

(六)复杂环境深孔爆破

(1)爆破前应对爆区周围人员、地面和地下建(构)筑物及各种设备、设施分布情况等进行详细的调查研究,然后进行爆破方案设计。

(2)爆破设计应对爆破有害效应对周围环境影响进行详细计算和论证,制定防止爆破有害效应的安全措施,划定既能保证安全又尽量减少扰民范围的警戒区。

(3)爆破孔深不宜超过20 m。

(4)宜采用毫秒延时爆破,并严格控制可能重叠段的段数;应按环境要求限制单段最大爆破药量,并采取必要的减震措施。

(5)填塞长度宜大于底盘抵抗线与装药顶部抵抗线平均值的1.2倍。有困难时,填塞长度可适当减小,但不应小于上述平均值的1倍,并采取控制飞石的有效措施。

(6)起爆网路连接应由有经验的爆破员和爆破工程技术人员进行,经现场爆破和设计负责人检查验收,并设立指挥部和警戒组。

(七)药壶和蛇穴爆破

(1)扩壶爆破和药壶、蛇穴爆破,应由有经验的爆破员操作。

(2)扩壶时,应清除孔口附近的碎石、杂物。

(3)用硝铵类炸药扩壶,每次爆破后应等待15 min或满足设计确定的等待时间,才准许重新装药；用导火索引爆扩壶药包时，导火索的长度应保证作业人员撤到 50 m 以外所需的时间；深孔扩壶时，不应向孔内投掷起爆药包；孔深超过 5 m 时，不应使用导火索引爆扩壶药包。

(4)扩壶完成后，应实测最小抵抗线及药壶间距，计算每个药壶的爆破方量和装药量，不应超量装药。

(5)蛇穴爆破应实测最小抵抗线，按松动爆破设计装药量，每个蛇穴的装药量应控制在 200 kg 之内，并应按设计的位置和药量装药。

(6)药壶及蛇穴爆破，应严格按设计要求进行填塞。

(7)两个以上药壶爆破或蛇穴爆破，应采用齐发爆破或毫秒延时爆破；如用导火索起爆或秒延时雷管起爆，先爆药包不应改变后爆药包最小抵抗线的方向与大小。

十一、安全允许距离与环境影响评价

爆破、爆破器材销毁以及爆破器材库发生意外爆炸时，爆炸源与人员和其他保护对象之间的安全允许距离，应按爆破各种有害效应(地震波、冲击波、个别飞散物等)分别核定，并取最大值。

各种爆破器材库之间以及仓库与临时堆放点之间的距离，应大于相应的殉爆安全距离。各种爆破作业中，不同时起爆的药包之间距离，也应满足不殉爆的要求。

确定爆破安全允许距离时，应考虑爆破可能诱发的滑坡、滚石、雪崩、涌浪、爆堆滑移等次生有害影响，适当扩大安全允许距离或针对具体情况划定附加的危险区。

爆破振动安全允许距离及环境影响评价参见现行《爆破安全规程》。

第四节　爆破器材的安全管理

一、概　　述

爆破器材的安全管理，由拥有爆破器材单位的主要领导人负责，应组织制定爆破器材的发放、使用制度、安全管理制度和安全技术操作规程，建立岗位安全责任制，教育从业人员严格遵守。各级公安机关对管辖地区内的爆破器材的安全管理实施监督检查。

购买爆破器材的单位，应凭有效的爆破器材供销合同和申请表，向公安机关申领“爆炸物品运输证”。跨省、自治区、直辖市运输时，向运达地区的市级人民政府公安机关申请；在本省、自治区、直辖市内运输的，向运达地县级人民政府公安机关申请。凭证在有效期间内，按指定线路运输。

爆破器材运达目的地后，收货单位应指派专人领取，认真检查爆破器材的包装、数量和质量，如果包装破损，数量与质量不符，应立即报告有关部门和当地县(市)公安局，并在有关代表参加下编制报告书，分送有关部门。

不应用翻斗车、自卸车汽车、拖车、自行车、摩托车和畜力车运输爆破器材。

爆破器材从生产厂运出或从总库向分库运送时，包装箱(袋)及铅封应保持完整无损。

个人不应随身携带爆破器材搭乘公共交通工具，不允许在托运行李及邮寄包裹中夹带爆破器材。

二、爆破器材的贮存

爆破器材应贮存在专用的爆破器材库里；特殊情况下，应经主管部门审核并报当地县(市)公安机关批准，方准在库外存放。

储存爆破器材的单位设置爆破器材库，应报主管部门批准，并报当地县(市)公安机关审查

同意，方可建库；库房建成并经验收合格发给“爆破器材储存许可证”后，方准储存爆破器材。任何单位和个人不应非法储存爆破器材。

应经常测定库房的温度和湿度，发现硝化甘油类炸药箱渗油、冻结，硝铵类炸药吸潮结块时，应及时处理。

发现爆破器材丢失、被盗，应及时向主管部门及公安机关报告。

第五节　岩石路堑爆破施工作业安全

一、炮孔设置

炮孔设置应符合下列规定：

(1)钻眼机械支架应稳固。钻眼时，应避免凿穿残留炮孔，严禁在残眼上钻孔。

(2)钻眼与装药在同一分区不得平行作业。

二、爆破防护

(1)起爆前应在经设计计算的安全距离以外设置警示标志和必要围挡，安排警戒人员，约定预警、起爆、解除警戒信号，防止无关人员进入。

(2)起爆前对影响范围内的既有建(构)筑物和设施，以及不能撤离的施工机具等应有可靠的防护措施。

(3)起爆前对爆体应采取必要的减振、覆盖防护措施。

(4)爆后应对影响范围内的边坡、既有设施等进行检查，清理危石，确认其安全性。

三、安全作业要点

(1)石方爆破作业，以及爆破器材的管理、加工、运输、检验和销毁等工作均应按国家现行的《爆破安全规程》(GB 6722—2003)执行。

(2)锻制钢钎时，锻工应按规定穿戴防护用品，煋钎和淬火支架必须牢固。截断钎子时，开锤及停锤用力应轻。热钎和冷钎应分开放置并以标志识别。

(3)选择炮位时，炮眼口应避开正对的电线、路口和构造物。

(4)凿打炮眼时，坡面上的浮岩危石应予清理。凿眼所用工具和机械要详加检查，确认完好。严禁在残眼上打孔。

(5)用人力冲击法打松软岩眼时，应清理现场的障碍物。双人、多人冲钎时动作应协调一致。

(6)人工打眼时，使锤人应站立在掌钎人侧面，严禁对面使锤。

(7)机械打眼应采用湿式凿岩机或带有捕尘器的凿岩机。凿岩机支架要支稳，严禁用胸部和肩头紧顶把手。风动凿岩机的管道要顺直，接头要紧密，气压不应过高。电动凿岩机的电缆线宜悬空挂设，工作时应注意观察电流值是否正常。

空压机必须在无荷载状态下起动。开启送气阀前，应将输气管道连接好，不得扭曲。在征得凿岩机操作人员同意后方可送气，出气口前方不得有人工作或站立。储气瓶内压力不得超过规定值，安全阀应灵敏有效。运转中应注意检查是否有异常情况，不得擅离岗位。

【案例】深圳某土石方开挖工程早爆

(1)事故概况

1992 年 8 月 27 日 17 时 35 分，深圳市某区沿港路开挖土石方工程发生早爆，正在导峒内避雨的15名工人被炸死。

1992年5月，深圳市某运输公司承包深圳市某区沿港路土石方开挖工程后，在没有经营爆破业务许可证的情况下，就筹建爆破队。6月18日，刚接任主持某公司全面工作的倪某批准了爆破队的《工作计划报告》，同意爆破队开展爆破作业，后又与爆破队签订了《承包合同》，对爆破队实行目标成本承包管理。

1992年7月8日，某公司为解决爆破队的爆破技术问题，和有爆破资格的华海爆破工程公司（下称华海公司）签订《工程爆破技术协作合同书》。合同规定：华海公司负责爆破方案的设计、审批等手续，派出技术人员在爆破现场负责装药、连线、回填、起爆等技术性工作。签约后，华海公司即按合同规定派出助理工程师曾某具体负责此项工作。

1992年7月23日，曾某完成了盐田港九径口工地爆破方量为6.85万m^3的爆破技术方案。8月24日，峒室施工完成后，深圳市公安局批准装药，定于8月28日18时起爆。公安人员在审批装药时要求曾某向市气象台了解施工期间的气象变化情况，曾当即用电话向气象台咨询，但未联系上，后来再也未与气象台联系。

8月25日，某公司爆破工地成立了现场指挥部，曾某为副指挥长，负责现场技术指导和监督。8月26日晚，爆破队装药完毕后进行回填作业。8月27日17时5分，曾某在工地的汽车上听到深圳广播电台的天气预报为“有短暂阵雨”，没有引起应有的注意，仍和负责后勤工作的现场指挥长到距工地约5 km的盐田海港城购物。17时20分左右，工地上空突然乌云密布，并伴有闪电、打雷现象，瞬间下起大雨，此时，正在导峒进行回填作业的26名工人，没有按国家《爆破安全规程》中关于“遇雷雨时应停止爆破作业，并迅速撤离危险区”的规定撤离工地，反而全部在各自作业的导峒内避雨，约11时35分，二号导峒3号药室的2.28 t炸药因被雷电击中发生早爆。

(2)事故原因

倪某作为某公司主持全面工作的副经理，重生产、轻安全，超越经营范围，在没有爆破技术力量的情况下，从事对专业技术要求极高的爆破作业，在对爆破工作的领导上又以包代管，没有切实加强管理，对这一特大死亡事故负有领导责任。

曾某作为这次爆破工程的技术负责人和现场副指挥长，在多雷区域实施爆破作业，在设计方案中没有提及防雷措施，没有按审批人员的要求了解施工期间的气象情况，在事故发生前半小时又擅自离开施工现场到远离工地的地方购物，途中虽发现雷电等天气恶化情况，但已无法履行其指挥作业人员迅速撤离危险区的职责，对这一特大死亡事故亦负有责任。

第四章　路堤施工安全技术

第一节　概　　述

路堤施工应考虑下列主要危险源、危害因素：

(1)复杂环境条件下的软弱路基、陡坡路基和危及既有建(构)筑物及交通的路堤填筑工程；

(2)施工影响范围内的既有建(构)筑物、设备设施、管线等；

(3)影响施工的水；

(4)人机混合作业；

(5)深取土场(坑)。

复杂环境条件下的软弱路基、陡坡路基和危及既有建(构)筑物及交通的路堤填筑等工程应编制专项施工方案。

混凝土、改良土、级配碎石、沥青等路基用料生产时，拌和站设置应符合《铁路工程基本作业施工安全技术规程》的相关规定，搅拌筒启动前应盖好仓盖。机械运转中，严禁将手伸入料斗或搅拌筒内探摸。严禁从提升斗下通过。沥青拌和时，严禁在溢流管周围逗留或从溢管下通过。设备维修时，必须关掉电源开关，挂维修警示牌。接触石灰以及有腐蚀性添加剂的人员应按规定穿戴防护用品。

路堤施工应先做好临时防、排水系统；基底、坡脚及影响路基稳定的范围内不得积水浸泡。傍山修筑路堤时，应防止地表、地下水渗入路堤结构各部位。

【案例】武广客运专线 DK1251＋600～DK1251＋720 段路基，线路右侧地方修建鱼塘(图4-1)，鱼塘水倒灌进入路基侧沟，浸泡路基，影响路基本体稳定。

图 4-1　路基旁修建鱼塘

填筑地面横坡陡于 1∶2.5 和池塘、软土等复杂路堤，必须进行沉降和位移观测，控制填筑速率，发现异常，应立即停工处理。

在不稳定的地面斜坡及易于倾塌滑动的斜坡上施工时，人行道离填方坡脚线不得小于 5 m，并应设警示标志。

机械设备的管理与防护应符合相关规定。多机在同一作业面作业时，应设专人指挥，明确指挥信号，相互间保持安全距离。

配合机械作业的清底、摊铺、平整、修坡等人员，应在机械回转半径以外工作。

第二节　填筑作业安全

一、填筑的常用方法

路堤填筑应从地面逐层填起，一般采用自下而上分层填筑压实的方式。常用的方法有以下几种：

(1)水平分层填筑。即填土时按横断面的全宽，分成水平层次，一层一层地往上填筑。

(2)纵向(纵坡)分层填筑。这种方法适用于铲运机、推土机从路堑取土填筑距离较短的山谷或泥沼等低凹地段的路堤。

(3)横向填筑。即从路基一端按横断面的全部高度，逐步推进填筑。该方法因不能分层压实，难以保证质量，不宜广泛采用，只有在陡坡、断崖或泥沼地段填筑高路堤，无法行车或大量爆破移挖作回填时才可以采用，并应用各种岩块、碎石、卵石、砂砾等填筑于路堤的下部，这样才能保证路堤的填筑质量和行车安全。

二、填筑作业安全措施

(1)路堤应自下而上分层填筑；土石的运、卸与填筑压实工作面应错开进行，避免互相干扰；砌筑边坡应与填土中心大致保持在同一高度，以防石头翻滚。

(2)路基填筑一般采用机械化作业，为确保机械运行的安全，场地必须平整，填土边缘必须设置安全标杆；采用机械填筑时，在填筑作业区边缘应设置明显的安全标志。

(3)使用机械运土时，途中的临时便道与正式公路交界处要设置安全标志，必要时设指挥人员；运输道路的线路和桥涵要满足荷载的要求，必要时设限载标志并进行加固。

(4)使用机械填筑时，填土边缘要设标志杆；要指定会车地点；必要时设指挥人员；注意穿越架空电线路等的安全问题。

(5)车辆严禁在走行中卸土，卸土下方不得有作业人员。

(6)推土机作业应符合下列规定：

①上下坡道的坡度不得超过机械自身允许坡度；

②多机相邻作业时，前后距离应大于 8.0 m，左右距离应大于 2 m；

③在高边坡、陡坡、高坎上作业时，必须设专人指挥、防护。

(7)平地机作业应符合下列规定：

①作业时应与路堤边缘保持一定的安全距离；

②作业时，应将刮刀下降到接近地面，起步后再下降铲刀铲土；

③刮土、平整等各类铲刮作业应低速行驶。

(8)碾压作业应符合下列规定：

①压路机必须在前后左右无障碍物和人员时方可启动；

②两台以上压路机同场作业时，前后间距不得小于 3 m；

③压路机距边缘距离及其停放应符合《铁路工程基本作业施工安全技术规程》(TB 10301—2009)第 8.3.7 条的相关规定。

(9)铲运机作业应符合下列规定：

①铲运机运土时，道路应设在施工场区以内，与城乡公路分开，严禁其他车辆及行人通行；

②若必须行经城乡公路或与其交叉时，应设立各种警告标志，并应设专人看守，指挥交通；

③铲运机运土道路严禁与既有铁路平面交叉。

(10)振动冲击夯作业时应控制夯机前进速度，防止倾覆伤人。

(11)雨季填筑时应严格按设计控制路基填层面和表面路拱横坡坡度，避免路基积水引起下陷。严禁在雨天进行非渗水土的填筑施工。

(12)施工便道应注意以下问题：

①路基填土需运输车辆远距离运土时，途中的临时便道和正式公路交界处应设置安全标志。便道及其桥涵应根据通行车辆的要求进行设计、施工和养护。在利用既有公路运输时，应对其线路、桥涵的原设计标准及结构现状做详细调查研究，必要时应采取补强和加固措施。所有运输车辆通过村镇时，应和有关方面协商，制订相应的安全措施。

②在施工便道间的交叉口、与铁路的交叉口，应设立标志。若施工便道需与铁路交叉，应事先经有关部门批准，并按规定要求铺设临时道口。所有运输道路的便桥，应在桥头设置标志，注明载重能力和限制速度。运输便道应避免在架空索道及起重设备工作范围内穿越，如因场地限制需穿越时，应有防护设备和安全措施。

(13)在水中填筑路堤，必须先查明水深和流速，并制订打捞抢救措施后，方可进行；在泥沼低洼地带填筑路堤，应先作好排水防洪工作。在施工期间要进行沉降和位移观测，控制填土速度并使左右对称，以防突然坍滑。

(14)砌筑边坡的进度要与路基的填筑进度相协调，砌筑高度要与填土中心高度大致保持一致，以防止石头滚落。

(15)人工挖土时，两人操作间距应保持在 3 m 以上，并由上而下逐层开挖，严禁掏洞挖土。应随时检查槽沟立壁土质的状态和支撑牢固程度，发现有倾坍可能时，应立即离开操作地点，并及时加以处理。拆除固壁支撑时，应自下而上进行，回填一层拆一层，不得一次拆到顶。

(16)蛙式打夯机在使用前应进行检查和试运转，合格后再行使用，操作时应穿绝缘胶鞋，戴绝缘手套，移动时，应拉闸断电，方可搬运。

【案例】压路机碾压路基时倾翻坠崖

(1)事故概况

2008 年 10 月 10 日，某铁路路基工程的安全负责人张某安排李某(死者)将压路机从停放地点开到 3 km 外的施工地点，准备对路基进行碾压。压路机在开往施工地点途中，车辆发生了倒退，撞垮了路面外侧的路肩墙，压路机随即开始倾斜，在停滞了 2～3 min 后，压路机坠入 30 余米深的悬崖，被摔成几大块，在 9 时 10 分左右，其他施工人员找到了李某，但人已死亡。

(2)事故原因

①直接原因

压路机机手李某因操作不当，导致压路机倒退，并撞垮了路面外侧的路肩墙，在压路机发生倾斜时，死者又未及时关闭压路机震动器，造成整车加速倾斜。李某在压路机倾斜时，有充足时间弃车逃离，但他未逃离，最终造成车毁人亡的事故发生。因此，李某操作压路机不当，加上临危处置也不当，是导致此次事故发生的直接原因。

②间接原因

经技术鉴定，死者驾驶的压路机减速器分离不开、无法正常换挡、刹车不好用，造成压路机后退时制动不好用，从而撞上路肩墙。因此，压路机带病工作是造成此次事故的间接原因。

③事故性质的认定

事故调查组经过现场勘察、查阅相关资料、询问有关人员、委托专业机构进行技术鉴定，并认真分析后认定：这是一起因压路机机手操作不当、临危处置不当及压路机带病工作而引发的机械责任事故。

三、取土作业安全

取土场的边坡、深度等应符合设计要求，不得危及周边建(构)筑物等既有设施的安全。

取土场底应平顺并设有临时向外的排水设施，防止积水浸泡坡脚，造成边坡坍塌。

取土场(坑)边周围应设置必要的警示标志和安全防护设施。应自上而下取土并保证边坡的稳定，严禁掏底取土。

取土后的裸露面应及时整治，取土场边坡不得超出设计坡率，并应采取防护措施，避免产生泥石流等次生灾害。

第三节　特殊路基施工安全

一、概　　述

特殊路基施工应考虑下列主要危险源、危害因素：

(1)施工影响范围内的既有建(构)筑物、设备、管线等；

(2)毗邻和施工范围内的既有交通设施；

(3)影响施工的水；

(4)岩溶及坑洞；

(5)风沙地区、高原及冻土地区施工；

(6)滑坡、崩塌、岩堆地段、泥沼地段、泥石流地区施工；

(7)弃土；

(8)特殊场所作业、季节性施工。

滑坡、崩塌、岩堆地段，风沙、高原地区路基施工应编制专项施工方案。

特殊路基施工应重视环境保护、水土保持工作，减少对天然植被和山体的破坏，防止诱发次生灾害。

特殊场所作业和季节性施工应符合《铁路工程基本作业施工安全技术规程》第14、15章的相关规定。

二、特殊土地区路基

(1)软土地区的路基应提前安排施工，施工中严格控制填筑速率并按设计要求设置观测点。

(2)膨胀土(岩)地段路基施工应符合下列规定：

①应集中力量，连续快速施工，分段完成，雨天禁止施工。

②必须及时做好天沟、侧沟和排水沟的砌筑，并应随挖随砌，严防渗漏。

③路堤施工除应符合相关规程的规定外，低路堤、低洼地段基底，应防止和排除地表积水；路堤坡脚应采取排水措施，防止受水浸泡。

④路堑施工除应符合相关规程的规定外，路堑开挖必须自上而下进行，开挖面应随时保持不小于 4%的排水坡，严禁积水。

⑤设有支护结构的边坡应紧跟开挖砌筑。

⑥边坡防护应紧跟开挖工序进行，减少暴露时间。坡面有地下水出露时应作引排处理。

⑦当岩质较硬需要爆破时，应控制药量，采取措施减少振动。

⑧路堑高侧山坡不应设置弃土堆。弃土堆距边坡顶的距离不应小于 10 m。

(3)黄土路基施工应符合下列规定：

①应避开雨天，集中力量快速施工，施工前应先做好地面排水设施。边坡坡脚不得受水浸泡、冲刷。

②黄土陷穴、坑洞处理时，应检查坑洞内情况，并对存在的有害气体通风排除。对流向陷穴附近的地面水应采取拦、截、引、排等措施。

③黄土路堤施工应采用重型压路机及时碾压并符合相关规程的规定。

④路堑施工必须自上而下进行，应按边坡平台的高度分级开挖、分级排水、防护，并保持坡面平顺，不得放缓设计坡度。

⑤弃土堆应远离边坡边缘，避免影响边坡稳定，路堑边坡上方不得弃土。

(4)冻土地区施工应符合下列规定：

①及时做好排水设施。施工便道距路堤坡脚或堑顶不应少于 20 m。

②各种车辆和机械不得沿路堤坡脚与排水沟之间行驶。

③富冰、饱冰冻土或含土冰层地段路堤施工，必须保持路基与周围冻土处于冻结状态。

④冻土路堑开挖时，应防止阳面冻土因受热融化而坍塌。

⑤高原地区施工还应符合《铁路工程基本作业施工安全技术规程》第 16 章的相关规定。

(5)盐渍土路基施工应符合下列规定：

①盐渍土路堤严禁雨季取土填筑；

②路基的坡面防护应配合开挖和填筑及时进行，防止表层土松涨、溶失、风蚀。

三、特殊路段路基

(一)风沙地区路基

(1)风沙地区路基施工应详细调查现场情况，了解相关信息，并应和气象等部门保持畅通的联系。

(2)风沙地区的临时生产、生活设施应进行必要的加固，并应制定生活用水、临时用电的安全措施。

(3)作业人员应按规定配备风镜、口罩等防护用品。人员外出时不应少于 2 人同行，大风天气禁止外出。

(4)风沙地区的临时道路应设固定道路标志，人行道坡度不应陡于 1∶3。

(5)在路基两侧同时作业时，迎风侧和背风侧的施工应相互错开。

(6)开挖沙层应自上而下进行，严禁直立开挖或掏空挖沙。

(7)严禁在挖方坡脚下休息和存放机具。

(8)取土坑、弃土堆应设在路基背风一侧。

(9)大风来临前,应保持机械设备的最小迎风面正对风向;高耸机械应采取拆卸或其他防风措施;对精密仪器等应采取覆盖、包裹等措施。

(二)滑坡地段路基

(1)设计单位应提供详尽的地质资料,并提出有针对性的安全施工监测方案。

(2)施工单位应核查滑坡影响范围并设安全警示标志,根据现场情况设置围挡等防护设施。施工期间应由专人负责滑坡体的监测。

(3)严禁在滑坡影响范围设置临时生产、生活设施,停放机械,堆放机具等。

(4)施工前应先做好截、排水设施,并随开挖随铺砌。对施工用水严格管理,防止渗入滑坡体内。

(5)在滑坡体上开挖路堑和修筑抗滑支挡结构时,应符合下列规定:

①应分段跳槽开挖,严禁大段拉槽开挖,并随挖、随砌、随填并夯实;

②开挖与砌筑时应加强支撑和临时锚固,并随时监测其受力状态;

③抗滑桩、锚索施工应从两端逐步向滑坡主轴方向进行;

④采用抗滑桩挡土墙共同支挡时,应先作抗滑桩后作挡土墙;

⑤锚索应进行防护(如采用彩条布进行包扎保护处理),以免生锈。

【案例】大丽铁路丽江东站,施工中存在锚索未防护的情况(图 4-2),难以保证施工质量,存在很大的安全隐患。

图 4-2　锚索未防护

(6)采取减重、加载措施时,开挖和填筑应按设计进行。施工应符合下列规定:

①减重应自上而下开挖,开挖面应立即整平压实;

②弃土应堆置在滑坡区以外或设计指定的阻滑区域;

③加载的填土和减重的弃土,不得堵塞滑坡体下部的渗、排水口。

(7)应避免在冰雪融化期开挖滑坡体,雨后不得立即施工,禁止夜间施工。

(三)危岩、落石、岩堆与崩塌地段路基

(1)危岩、落石、岩堆与崩塌地段路基施工前,应对影响范围进行评估,并对既有的建(构)筑物和交通设施等采取相应的安全防护或迁移措施。

(2)施工期间应设观测点,由专人监测和巡查,发现异常应立即停工,人机撤离,评估危险程度后采取相应的措施。

(3)危岩、落石、岩堆与崩塌影响范围内严禁搭盖临时房屋、堆放机具。

(4)刷坡时应明确清刷范围,并设置警示标志。施工应先清理危岩、危石,并根据情况修建拦截建筑物等防护设施。

(5)施工前应先清理危岩、危石或对其采取加固措施,并根据现场情况修建拦截建筑物等防护设施。各项防治工程应及时配套完成。

(6)爆破开挖时应采取控制爆破技术,并加强现场防护及爆破后的检查。

(四)岩溶及其他坑洞地段路基

(1)岩溶及其他坑洞地区施工应核查洞穴的位置和分布情况,设置明显的警示标志和防护设施,防止人员、机械设备误入。

(2)施工前应探明洞内情况,洞内有害气体和物质未排除前禁止作业人员进入。对不稳定的洞穴应采取临时支撑等安全措施。

(3)对路基稳定有影响的岩溶水、地面水应先进行疏导、引排。

(4)注浆处理时,应随时观测注浆压力和周边情况,发现异常及时采取相应措施。

(五)泥石流地区路基

(1)泥石流地区施工应结合设计认真评估泥石流的危害程度,核实泥石流形成区、流动区和堆积区,并制定安全防护措施。

(2)应与气象、国土资源等部门保持畅通联系。人员驻地、生产设施等临时工程必须避开泥石流影响区。

(3)泥石流地区施工应设专人巡查,发现异常及时预警并采取相应措施。

(4)取土和弃土应避开泥石流影响区,防止诱发人工泥石流。

(六)雪害地区路基

(1)雪害地区设置的防护栅栏、沟、堤、导风板等防雪设施,应构筑稳固并在雪害季节前完成。

(2)在可能发生雪崩地段施工时,应制定应急预案并由专人对雪体进行严密监视。

第四节 过渡段施工安全技术

(1)过渡段施工前,应根据现场情况采取相应的防排水措施。过渡段坡脚两侧、路堤底部的纵横向防排水设施应符合设计要求。

(2)应优先安排软土地基地段过渡段路堤的填筑。

(3)过渡段施工应按设计要求进行沉降观测。

(4)路堤与桥台过渡段施工应符合下列规定:

①路堤应与桥台锥体和相邻路堤同步填筑;

②台后 2 m 范围外,大型机械能碾压到的部位,其填筑应符合有关规定;

③台后 2 m 范围内以及大型机械碾压不到的部位,应用小型压实机械碾压;

④过渡段桥台背后回填料表面应按设计要求采取措施防止地下水渗入。

(5)路堤与横向结构物过渡段施工应符合下列规定:

①横向结构物两端的过渡段应对称填筑,并与相邻路堤同步施工。

②涵洞顶部两端大型机械能碾压到的部位,其填筑施工应符合有关规定。靠近横向结构

物的部位，应平行横向结构物进行横向碾压。大型机械碾压时，不得影响结构物的稳定。

③横向结构物的顶部填土厚度小于 1 m 时，不得采用大型振动压路机进行碾压，以免影响结构物的稳定和结构安全。

(6)路堤与路堑过渡段施工应符合下列规定：

①施工前，应平整地基表面，碾压密实，并应挖除堤堑交界坡面的表层松土，按设计要求做成台阶状。

②过渡段的填筑施工应与相邻路堤同步进行。

③大型机械能碾压到的部位，其施工应符合相关规程的有关规定。靠近堤堑结合处，应沿堑坡边缘进行横行碾压。

④大型机械碾压不到的部位，应采用小型压实机械分层碾压。

(7)过渡段路堤两侧的防护砌体施工应在地基和路堤变形稳定后进行，并符合有关规定。

第五章　支挡防护及防排水工程施工安全

第一节　概　述

路基支挡防护及防排水工程施工应考虑下列主要危险源、危害因素：

(1)锚杆(索)、桩板墙、抗滑桩工程；

(2)施工影响范围内的既有建(构)筑物、设备、管线等；

(3)毗邻和施工范围内的既有交通设施；

(4)影响施工的水；

(5)危岩和危石；

(6)较深基础开挖。

锚杆(索)、抗滑桩、桩板墙及不良地质段支挡防护工程施工应编制专项施工方案。

施工现场应按规定设围挡和警示标志等防护设施。机械进场前，应调查行驶道路和作业现场的情况。作业场地及行走范围应保持平整并满足相应的承载力等要求。机械系统的能力应与施工要求相匹配，现场装配应由专业人员负责。作业时应严格按照操作规程操作。

由于支挡结构高度尺寸变化较大，最高的支挡结构可达 50 m 以上，因此作业人员登高检查或维修时应系安全带并防止坠物伤人。

大雾、暴雨、大风等气候条件下应提前对现场机械采取防护措施。情况特别恶劣时应停止作业。

施工前对影响施工安全的危岩、危石应予清除，或采取必要的防护措施。

脚手架应经施工设计后搭设，其平台应用锚杆固定在岩壁上。脚手架施工前应根据构筑物的特点和施工工艺进行设计，编制安全技术措施。危险性较大的脚手架工程应编制专项施工方案。施工前应向作业人员进行交底。脚手架的地基必须满足承载力和沉降要求，并应采取防、排水和防冻融措施。位于河道中的脚手架还应有防洪水和漂流物冲击的措施。

脚手架应具有足够的强度、刚度和稳定性，能承受施工期间可能产生的各项荷载，验收后方可使用。

支挡防护施工时应由专人进行监测，发现异常，立即停工，撤离人员，采取安全措施后方可复工。支挡结构施工前，应做好截、排水及防渗设施。支撑渗沟开挖深度超过 1.5 m 时，应加设支撑。

砌筑挡土墙时，严禁上下重叠作业。

施工用电、吊装作业、材料堆放、混凝土与砌体(模板)作业应符合《铁路工程基本作业施工安全技术规程》的相关规定。

【案例】2007 年 11 月 22 日，洛湛铁路 YH5 标段工程指挥部 7 名木工在拆 DIK183＋182～DIK183＋192 段右侧混凝土挡墙(高 4 m，厚度 1.08 m，墙面及墙背的坡比均为 1∶0.25，为 C15 片石混凝土挡土墙)背后模板时，该挡土墙突然发生倒塌，造成三名施工人员被埋压在倒塌的挡土墙、钢模及支架钢管空隙内，经抢救，1 人脱险，2 人死亡。

第二节　挡土墙安全施工技术

一、重力式挡土墙施工安全技术

(一)构造特点及要求

重力式挡土墙一般是由墙身、基础、排水设施和伸缩缝等部分组成。由于我国石料产地丰富,多采用片(块)石砌筑,在缺乏石料的地区有时也用混凝土修建。

当地基承载力不足时,挡土墙常采用扩大基础,将墙趾或墙踵部分加宽成台阶,或两侧同时加宽,以加大承压面积的方法。加宽宽度一般不小于 20 cm。若需要的加宽值太大,也可采用钢筋混凝土底板。

对于挡土墙基础的埋置深度,应符合下列要求:

1. 土质地基

(1)无冲刷时,应在天然地面以下至少 1 m。

(2)受水流冲刷时,应在冲刷线以下至少 1 m。

(3)受冻胀影响时,应在冻结线以下不小于 0.25 m;当冻深超过 1 m 时,可采用 1.25 m,但基底应夯填一定厚度的砂砾或碎石垫层,垫层底面亦应位于冻结线以下不小于 0.25 m。

2. 碎石、砾石、砂类地基

不考虑冻胀影响,但基础埋深不宜小于 1 m。

3. 岩石地基

若墙基落在基岩上,应将基岩表层的风化部分、松软土石清除干净,并按规定嵌入基岩。如果基础位于较完整稳定的硬质岩石斜坡上时,可采用台阶式基础。

挡土墙应设置排水设施,以疏干墙后土体和防止地面水下渗,防止墙后积水形成静水压力,减少寒冷地区回填土的冻胀压力。排水设施主要包括:

(1)设置地面排水沟,引排地面水。须夯实回填土顶面或地面松土,防止雨水及地面水下渗,必要时可加设铺砌。

【案例】

(1)事故概况

2006 年 9 月 19 日 16 时 57 分,43008 次货物列车运行至成都铁路局管内迤那至仙水间 K397＋012m 时,列车运行方向线路右侧挡墙突然坍塌,造成机车及机后第 1、2 位车辆脱轨,机车大破 1 辆,车辆报废 2 辆、大破 1 辆,直接经济损失 799.9 万元,中断正线行车 35 h12 min,构成货物列车脱轨行车重大事故。

(2)事故原因

造成这起事故的原因是中铁十六局集团有限公司 2000 年 4 月进行的该段挡墙施工存在严重质量问题。一是未按设计施工,挡墙厚度与设计文件相差较大,设计厚度为 2.2 m,实际厚度最薄处仅为 0.55 m,是设计厚度的四分之一,大大降低了抵抗墙背土压力,导致墙体发生剪切破坏;二是挡墙后部未设置反滤层,砌体砂浆松散,砂浆与片石间粘结不良,片石尺寸不符合规范;三是监理单位在施工过程中,未认真履行职责,监理工作不到位,没有发现这一重大质量隐患,从而造成挡墙发生突发性坍塌倾覆。

(3)事故结论

根据《铁路行车事故处理规则》第 5.1.5 条规定,施工单位中铁十六局集团有限公司对该事故负主要责任，监理单位长沙铁道学院建设监理公司负次要责任。根据《铁路行车事故处理规则》第5.3.3条对事故损失赔偿的规定，中铁十六局集团有限公司承担事故直接经济损失费用90%，长沙铁道学院建设监理公司承担事故直接经济损失费用的10%。根据《铁路建设工程安全质量事故与招投标挂钩暂行办法》(建建〔2006〕35号)，取消中铁十六局集团有限公司6次铁路大中型建设项目的投标资格，取消长沙铁道学院监理公司连续3个铁路大中型建设项目的投标资格。

应当指出，这起事故暴露出施工单位、监理单位在工程质量管理、工程质量监理等方面存在的一系列问题。

①施工单位没有严格执行铁路建设工程质量管理的有关规定，偷工减料，违法、违标不按设计施工，造成工程质量低劣，未能保证行车安全。充分暴露建设、施工单位的施工质量存在严重问题，给行车安全构成重大威胁。

②监理单位没有依照有关规程、规范、标准和委托合同实施监理，监理过程中极不负责任，没有严格遵守有关监理规章制度，未认真履行监理职责，没有发现和督促整改施工中存在的重大质量隐患，使质量严重不良的工程得以验收并交付运营，为发生事故埋下重大隐患。

③该地段2003年10月交付成都铁路局运营，该局未能充分发挥专业管理作用，加强基础设备的管理，经过两年秋检和防洪检查没有发现挡墙安全隐患，发生事故前20分钟，巡道人员通过该地段也没有发现挡墙坍塌征兆，对基础设备监控不力。

④成都铁路局对本次事故抢险救援不力，救援队伍抢险救援实战能力不强，未能尽快恢复行车，造成内六线长时间中断，4对客车被迫停运或迂回，严重影响了铁路正常运输秩序。

(2)设置墙身泄水孔，排除墙后水。

泄水孔的尺寸一般为5 cm×10 cm、10 cm×10 cm、15 cm×20 cm的方孔或直径为5～10 cm的圆孔。孔眼间距一般2～3 m，上下左右错开布置。下排排水孔的出口应高出墙前地面0.3 m；若为路堑墙，应高出边沟水位0.3 m；若为浸水挡土墙，应高出常水位0.3 m。当墙背填土透水性不良或可能发生冻胀时，泄水孔的进口处应设反滤层，在最低一排泄水孔至墙顶以下0.5 m的范围内铺设厚度不小于0.3 m的砂卵石排水层。干砌挡土墙因墙身透水，可不设泄水孔。

【案例】某挡墙坍塌导致铁路行车事故

(1)事故概况

2008年8月16日4时28分，2000年已投入使用的铁路工程，K1908+350米处线路右侧挡墙发生坍塌，约200 m^3 的坍体掩埋线路，中断铁路行车7 h20 min。构成铁路交通一般D类事故，造成不良影响和重大经济损失。

(2)事故原因

①该事故主要原因是由于工程所在地区自2008年8月15日22时21分至8月16日5时59分普降暴雨(雨量132 mm，10 min最大雨强值为14.8 mm)，挡墙后方山体水土饱和，泥水渗漏至挡墙后，加之挡土墙泄水孔未能及时疏排积水，挡土墙受压增大，致使挡土墙体突发性崩塌。

②施工单位没有按设计规定厚度进行衬砌，边墙厚度小于设计文件，砂浆不饱满，部分石块间无砂浆。墙后无反滤层，导致边墙整体强度减弱、抗土压力降低，是此挡土墙垮塌重要原因。

③监理单位未能发现施工中明显存在的质量隐患，没有采取有效措施督促整改施工中的

质量问题，没有严格遵守有关监理规章制度去认真履行监理职责，导致工程质量未能达到设计要求，给事故埋下隐患，应负一定责任。

(3)纵向排水设备。当墙后渗水量较大或有集中水流(如泉水)，或为保持墙身美观要求不宜设泄水孔时，应设纵向排水设备(如渗水暗沟等)。

4. 沉降缝与伸缩缝

由于沿墙纵向的墙高、地基压缩性会有差异，必须每隔相当距离设置沉降缝。沉降缝同时可兼起圬工受温度变化而引起的胀缩的伸缩缝用。一般沿线路方向每隔 10～25 m 设置一道缝。缝宽 2～3 cm，缝内一般可用胶泥填塞，但在渗水量大、填料容易流失或冻害严重地区，则宜用沥青麻筋或涂以沥青的木板等具有弹性的材料，沿内、外、顶三方填塞，填深不宜小于 0.2 m，当墙后为岩石路堑或填石路堤时，可设置空缝。

(二)施工工序

重力式挡土墙是一种圬工建筑，其施工方法和施工质量要求与普通圬工建筑有许多相似之处，主要包含三个工序：即明挖基坑、砌筑基础及砌筑墙身。

1. 明挖基坑

(1)开挖前，应在上方做好截、排水设施。雨天坑内积水应随时排干。

(2)复查核对基础地质条件。挖基时遇到地质不良、承载力不足的地基，应通过设计采取措施据以施工。

(3)墙基位于斜坡地面时，其趾部埋入深度和距地面水平距离应同时符合规定要求；墙基高程不能满足设计要求时，应通过变更设计后施工。

(4)采用倾斜基底时，应准确挖凿，不得用填补方法筑成斜面。

2. 砌筑基础

(1)砌筑前，应将基底表面风化、松软土石清除。

(2)硬石基坑中的基础，宜紧靠坑壁砌筑，并插浆塞满间隙，使与地层结为一体。

(3)雨季在土质或易风化软石基坑中砌筑基础，应于基坑挖好后，立即满铺砌筑一层。

(4)采用台阶式基础时，台阶转折处不得砌成竖向通缝；砌体与台阶壁间的缝隙应插浆塞满。

3. 砌筑墙身

(1)砌出地面后应立即回填夯实，并作好其顶面排水、防渗设施。

(2)伸缩缝与沉降缝两侧壁应平齐无搭叠，缝中防水材料应按要求深度塞填紧密。

(3)泄水孔应在砌筑墙身时留置。做泄水孔时，应同时做好墙背反滤、防渗隔水设施。

(4)挡土墙栏杆、检查梯或台阶应连接牢固，外观整齐；钢铁杆件应及时涂漆。

(三)施工安全注意事项

(1)在岩体破碎或土质松软、有水地段，修建挡土墙选择在雨水较少的秋、冬季施工比较有利。此时地下水位一般较低，土体的含水量较少，土体抗滑能力较大，土体稳定。

(2)根据地质情况，采取适当的开挖方法。若挡土墙位置位于地质条件不良的地段，基础开挖应按结构要求分段错开开挖，集中施工，不能一次开挖太长。

(3)施工前必须备足材料，在做好施工准备工作的基础上方可动工。一旦开工，基坑开挖、基础砌筑以及墙身砌筑或安装等工程的施工必须迅速而且一气呵成，以减少基坑的支撑工作和坍塌现象。明挖基础的基坑开挖到位后，为防止雨水下渗影响墙身稳定，应及时回填夯实，顶面做成不小于 4% 的排水横坡，同时要作好墙后的排水设施。河边基坑应回填石块，以防冲刷。

(4)随着墙身的砌筑，待圬工强度达到70%以上时，应及时进行墙后回填，挡土墙背后的填料规格和回填方法必须符合《铁路路基施工规范》的规定。填土时，应夯实紧密。同时应分层填筑，层面要铺平，并用小石块将空隙塞实，然后再填第二层。如果随便抛填，则会大大增加对墙背的压力，同时由于孔隙大了，沉落量也将增加。修建挡土墙应按铁道部现行的《铁路混凝土及砌体工程施工规范》进行施工控制和质量检验。

(5)挡土墙端部伸入路堤或嵌入地层部分应与墙体结合，一起砌筑。路堑挡土墙顶面应抹平与边坡相接，其间空隙应予填实并封严。挡土墙与桥台、隧道洞门连接时，应协调配合施工，必要时应加临时支撑，保证相接填方或地基土层的稳定。

(6)干砌挡土墙时，缝的两侧应选用平整石料砌筑，使之成垂直通缝。

(7)当挡土墙明挖基础开挖较深或边坡稳定性较差时，应分段、跳槽开挖，并采取临时支护措施。临时弃土或堆放材料距坑边的距离不应小于2 m，机械行驶不得影响施工安全。

(8)墙面应平顺整齐，墙顶排水及防渗设施应及时施作。泄水孔应在砌筑墙身时留置，必须保持排水通畅。墙背拆模时，应在墙背侧设置必要的临时支撑。

(9)挡土墙厚度必须达到设计要求，否则可能给将来的行车造成巨大的安全隐患。

【案例】2006年9月19日16时57分，43008次货物列车运行至内昆线迤那至仙水间K396+897处，左侧挡墙突然垮塌，造成机车颠覆，中断行车35 h12 min，直接经济损失685万元，构成货物列车行车重大事故。

该段挡墙于2000年6月开工，2000年7月完工。施工单位为某集团有限公司，监理单位为长沙某建设监理公司。经事故现场调查，该段挡墙存在厚度不足(设计厚度为2.2 m，实际厚度最薄处仅为0.55 m)、墙背未设反滤层、砌体砂浆不饱满、局部有空洞、个别片石尺寸偏小等施工质量问题，是造成挡墙垮塌的主要原因。

二、锚杆挡土墙施工安全技术

锚杆挡土墙是铁路基建工程的一种轻型支挡形式，适宜于墙高较大、石料缺乏、地基不良以及挖基困难地区具有锚固条件的路基挡土墙和岩石路堑，一般多用于路堑挡土墙。

(一)锚杆挡土墙的构成

锚杆挡土墙由立柱、挡板和钢锚杆三部分组成。立柱和挡板承受土的侧压力，同时利用锚杆与土的抗拔作用维持挡土墙的垂直稳定。使用的锚杆主要有楔缝式和灌浆锚杆两种。

楔缝式锚杆俗称小锚杆，它对锚杆施加一定压力后，使杆端楔缝的楔子张开，从而将锚杆卡紧在岩石中。锚孔一般直径38～50 mm，深度3～5 m，用普通风钻即可施工。孔内压注水泥砂浆，用来防锈和提高锚杆抗拔力。

灌浆锚杆又称大锚杆，要用钻机钻孔。锚孔直径一般为100～150 mm，间距不小于2.0 m，锚杆插入锚孔后再灌注不低于300号的水泥砂浆，使其锚固于稳定的地层内。当用于土层时，因土层与锚杆间的锚固能力较差，尚需采用加压灌浆或内部扩孔的方法提高其抗拔力，称为预压锚杆或扩孔锚杆。国外还采用化学液体灌浆，利用化学液体的膨胀性来提高锚杆的抗拔能力。

根据使用的锚杆不同，锚杆挡土墙可分为柱板式和板壁式两种。柱板式锚杆挡土墙，其墙面由预制的立柱和挡板组成，采用灌浆锚杆，抗拔力较大，一般多用于路堑挡土墙。板壁式锚杆挡土墙，由钢筋混凝土板和楔缝式锚杆组成，抗拔力较小，多用于岩石边坡防护及加固工程。

当挡土墙较高时，应布置成两级或多级挡土墙。每级之间设 1.5～2 m 宽的平台，自上而下逐级施工，避免边坡坍塌。每级挡墙不宜过高，一般为 5～6 m。为便于立柱及挡板的安装，以竖直墙背为多。

决定立柱间距应考虑工地的起吊能力和锚杆抗拔能力，一般可选用 2.5～3.5 m。每根立柱视其高度可布置 2～3 根或更多的锚杆，锚杆的位置应尽可能使立柱的弯矩均匀分布，方便钢筋布置。

挡板一般设计成矩形或槽形，长度比立柱间距短 10 cm 左右，以便留出锚杆位置。墙后应回填砂卵石等透水材料，由下部泄水孔将水排入边沟内。

(二)锚杆挡土墙施工技术

锚杆挡土墙的主要施工工序包括边坡开挖、施工放线、钻孔、洗孔、锚杆安装、防锈、灌浆、安装立柱及挡板。

1. 边坡开挖

锚杆挡土墙边坡开挖，一般要求跳槽开挖，如要全面开挖，除尽量缩短施工工期外，还应根据情况考虑设置临时支撑，以免引起山坡坍塌，影响锚杆抗滑力。

2. 施工放线及钻孔

首先用仪器定出肋柱的基线桩和各个锚孔的位置，并设置孔口方向桩，以便校核孔位。

锚杆挡土墙的钻孔，可采用冲击钻或旋转钻。气动冲击钻用于在硬质岩层中钻孔，效率最高，常用的型号为 YQ-100 型潜孔钻机(或同类型的其他潜孔钻)，同时配以 10 m^3/min 的空气压缩机，钻进速度很快。当所需孔径较小而浅时，也可以用一般风枪(如沈阳 25 型凿岩机等)钻孔。对于风化破碎的岩层，通常采用旋转钻。这是因为冲击钻冲击下来的大块岩屑不易吹出，常出现卡钻的现象。当岩层风化程度严重或其性质接近土质地层时，可加用套管钻进，以保证钻孔质量。

钻孔时，将钻机放在合适高度的平台上，使钻头对准孔位，锚杆的倾斜度及方向应与设计一致，在固定钻机的位置后即可进行钻孔施工。在钻进过程中，要做好钻孔地质记录。钻孔应尽可能保持孔壁顺直。

3. 洗孔

在岩石地段钻至要求的深度后，锚杆孔的孔壁周围留有较多的岩粉和碎屑，为了加强砂浆与孔壁周围地层的结合，在压浆前必须先行用压力水进行洗孔。冲洗完毕后用风管送入压缩空气将孔内积水吹干。

4. 锚杆安装及防锈处理

洗孔完毕后应及时安装锚杆，把预制好的锚杆钢筋插入孔内，防止孔内碎石掉下堵塞孔眼，影响锚杆有效长度。插入锚杆时应将灌浆管与锚杆钢筋同时放至钻孔底部，预制的锚杆钢筋应保持顺直，同时要进行防锈处理。锚杆挡土墙作为永久性的建筑物，钢筋防锈处理的好坏直接影响到结构使用寿命长短。在锚固段部分一般用水泥砂浆防护，在锚固段以外部分目前采用在钢筋表面涂防锈底漆(可采用富锌漆或船底漆)，再包扎沥青麻布两层或塑料套管及化学涂料等方法进行防锈，一般情况下能起到防锈的良好效果。如防锈层局部遭到破坏，应及时加以补救。

若钻孔时使用套管，则在插入钢筋后再将套管拔出，然后灌浆。

5. 灌浆

灌浆工作是锚杆挡土墙的关键工作，它直接影响到建筑物的安全使用，因此应严格依照施工工艺进行施工。

压浆用的砂子以中粗砂为宜，砂浆的配合比一般采用 1∶1(重量比)，水灰比 0.4～0.5，用 C42.5 号普通硅酸盐水泥配制，有条件时尽可能采用膨胀水泥。为避免大块材料堵塞压浆泵，砂浆需经过滤网倒入压浆泵。

灌浆时应将灌浆管插入离孔底约 0.5 m 的距离，开动压浆泵将搅拌好的砂浆注入，使砂浆在压力下自孔底向外充满。随着砂浆的灌入，逐渐向外抽出灌浆管，但必须保证拔管过程中灌浆管口始终埋在砂浆内，以保证砂浆的密实度，提高灌浆质量。

施工中也可采取在锚杆一侧 0.2 m 处另钻一灌浆孔，其深度与锚杆孔相同，并在孔底将孔扩大使两孔相通，利用此孔向锚杆孔灌浆的方法。

灌浆完成后，应将灌浆管、压浆管、搅拌机等用清水冲洗干净。

6. 安装立柱及挡板

待锚杆孔内砂浆达到设计强度时，方可进行立柱和挡板安装工作，同时作反滤层和土石方的回填。

(三)施工安全注意事项

(1)锚杆挡土墙施工过程中，应经常观测锚固区山体变化情况及滑动面的深度，以保证锚杆有足够的锚固深度。

(2)锚杆挡土墙在施工前应对握裹力及摩阻力进行现场拉拔试验。每种地层至少应进行三种以上的拉拔试验，以校核设计数据的可靠性。施工中使用的水泥、砂子应按设计规定的配合比作砂浆强度试验。

(3)锚杆的焊接、锚固及防锈是锚杆施工中的关键工序，应严格要求按施工工艺操作，其对焊或帮焊均需做钢筋焊接强度试验，验证能否满足设计要求。

(4)挡板与立柱搭接部分接触面应平整或填入少量砂浆，避免产生集中受力。

(5)锚杆挡土墙的立柱间距要求尺寸正确，最好用卡尺固定，以使挡板与立柱搭接部分尺寸符合设计要求。

(6)锚杆(索)挡土墙边坡应跳槽开挖，分层、分级自上而下进行，严禁重叠作业。

(7)钻孔施工应符合下列规定：

①施工机具应布置在安全地带。

②施钻时严禁重叠作业；当水钻可能影响边坡或山体稳定时，应采用干钻。

③吹孔时作业人员应站在孔的侧面，以防吹出的泥水、砂土、小石子伤人。

④对不稳定的坡面应随挖随安设锚杆(索)，并及时灌注。

(8)灌浆时，禁止罐体放空，防止砂浆喷出伤人；处理管路堵塞前应消除罐内压力，注浆管嘴严禁对人。

(9)张拉时除应符合《铁路工程基本作业施工安全技术规程》(TB 10301—2009)第 10.4 节的相关规定外，还应符合下列规定：

①设备必须配套，张拉前应对设备及锚索进行全面检查，并固定牢靠。

②孔内砂浆强度未达到规定强度时，不得进行张拉。

(10)不得在锚杆(索)端部悬挂重物。

【案例】2008 年 12 月 6 日 10 时 40 分，中铁某局在成都铁路局襄渝二线施工桩间混凝土挡墙过程中，由于施工人员经过模板横跨支撑时踩踏支撑，致使支撑钢管失去平衡，造成新灌注混凝土从模板底部涨出，1 名施工人员被坍溜的混凝土掩埋，挖出后经抢救无效死亡，构成安全一般事故。

三、锚定板挡土墙施工安全技术

(一)锚定板挡土墙的结构

锚定板挡土墙是由我国铁路系统首创的一种新型支挡结构型式,它是由钢筋混凝土墙面、钢拉杆、锚定板以及其间的填土共同形成的一种组合结构。它借助于埋在填土内的锚定板的抗拔力,平衡挡土墙墙背水平土压力,从而改变挡土墙的受力状态,达到轻型的目的;具有省料省工、能适应承载力较低地区的特点,多用于路肩或路堤挡土墙。

锚定板挡土墙的结构形式和受力状态与锚杆挡土墙基本相同,都是依靠钢拉杆的抗拔力来保持墙身的稳定。它们的主要区别是:锚杆挡土墙的锚杆系插入稳定地层的钻孔中,抗拔力来源于灌浆锚杆与孔壁地层之间的黏结强度,而锚定板挡土墙的钢拉杆及其端部的锚定板埋设在人工填土中,抗拔力主要来源于锚定板前的填土的被动抗力。

锚定板挡土墙的墙面是由挡板和立柱组成。挡板通常为钢筋混凝土矩形板或槽形板,有时也可为混凝土拱板。立柱为钢筋混凝土矩形截面柱;当墙面采用拱板时,立柱应具有六边形截面。立柱长度可依据施工吊装能力决定。在墙高范围内,立柱可设一级或多级。当采用多级立柱时,相邻立柱间可以顺接,也可以错台。立柱间距多采用 1～2 m。根据立柱的长度和土压力的大小,每根立柱上可布置单根、双根或多根钢拉杆。为了施工安装的方便,锚定板挡土墙一般采用竖直墙面。钢拉杆采用普通圆钢,外设防锈保护层。每根拉杆端部的锚定板通常为单独的钢筋混凝土方形板。

对拉式挡土墙是与锚定板挡土墙类似的另一种挡土结构,由墙面系和拉杆组成。由于它在两侧设置墙面系,中间填土,用拉杆连接两侧墙面系,因此一侧墙面承受的侧压力由另一侧墙面系上的侧压力平衡,两侧墙面系相互支撑。与锚杆挡土墙相比,锚杆长度大为减少;与锚定板挡土墙相比,省去了锚定板。随着施工中对节约用地要求的提高,经常需要在路基两侧设置挡土结构,在这种情况下采用对拉式挡土墙是最经济合理的。

(二)锚定板挡土墙施工安全技术

锚定板挡土墙施工包括立柱、挡板、锚杆和锚定板的预制加工及锚定板挡墙安装两大工序。预制及安装质量的好坏直接关系到锚定板挡土墙的稳定和安全。

1. 基础施工

基础施工包括基坑开挖和安装基座。基座的安装,实际上就是对立柱的定位,因此必须正确调整其平面位置与高程,使之符合设计要求,并及时回填基坑至基座顶面。

2. 安装立柱

基座安装好以后,就可以在基座上安装立柱。这是整个挡土墙施工较为困难复杂的工作,如何解决长(5 m左右)、大、重的立柱安装中的稳定和正确就位是整个挡土墙施工的关键。立柱安装要求正直,其位置和倾斜度必须满足精度要求,否则会给挡板安装带来较大困难。同时考虑到挡墙完工后,由于填土侧压力的作用,墙面会出现向外倾斜,因而要求在立柱安装时,预留适当的“内倾度”,其值可为挡土墙高度的 5%。

3. 进行第一次填土夯实

立柱安装就位后,方可进行墙后的填土,根据施工需要,填土通常分两次进行。第一次夯填只宜高出需要安设的该层锚杆的顶面 0.2 m。填土过高,在安装锚杆和锚定板时,开挖沟槽较深,浪费劳力;填土过浅,在锚杆、锚定板安设后,易被机械车辆行驶时压坏。

4. 安装锚定板、锚杆及挡板，进行第二次填土夯实

在填土高度达到设计要求的锚杆高程时，沿锚杆位置挖出一条安放锚杆的沟槽以及锚定板坑，并将锚定板放在坑内，然后用锚杆将锚定板和立柱连接就位。经过校正后，用砂浆将锚定板上的方形斜孔填塞(调节用)，并包封连接螺帽，即可安装挡板，在校核后进行第二次填土夯实。

(三)施工安全注意事项

锚定板挡土墙施工除了要关注锚杆挡土墙的施工注意事项，还要注意以下几点：

(1)挡板背后填料应均匀，不应填入大块石料以免挡板形成集中受力。

(2)填方与上下层锚杆铺设顺序应相互配合，待填至锚杆高程时方可铺设锚杆。在铺设好的锚杆下部不得有坑洼现象，防止上部土将锚杆压弯。

(3)为了防止不可避免的路堤下沉，可在锚杆中部预先作成向上弯曲的拱度，待路堤下沉后锚杆可恢复压直。也可在锚杆位置处用片石砌成宽 0.2～0.3 m 有盖的小槽子，将锚杆放入槽底，在路堤下沉时锚杆上部土压不致直接压在锚杆上。

(4)在陡坡地段修建路堤锚杆挡土墙时，应将陡坡挖成台阶，防止路堤下滑增加锚杆剪切应力。

(5)对立柱、挡板、锚杆和锚定板的搬运及安装应防止碰撞和剧烈震动，同时要符合圬工强度要求，以免影响构件质量。

四、加筋土挡土墙施工安全技术

(一)加筋土挡土墙结构

加筋土挡土墙是由填土及在填土中布置的拉筋条和墙面板三部分组成。它主要是通过填土与拉筋间的摩擦作用把土的侧压力传给拉筋，从而达到稳定土体的目的。拉筋材料通常为镀锌薄钢带、铝合金、增强塑料及合成纤维等。墙面板一般是用混凝土预制，也有采用半圆形铝板的。加筋土挡土墙属柔性结构，结构简单，对地基变形适应性大，建筑高度大，适用于填土路基，在日本及欧美国家已被广泛采用，在我国正在逐步推广。

铁路加筋土挡土墙一般设置在需要支挡工程的填方地段，多为路肩式，墙高以不超过 10 m为限。在地质不良和 8 度(含 8 度)以上地震地区和具有强烈腐蚀的环境中不宜使用。在浸水地区使用时应慎重。

(二)加筋土挡土墙施工安全技术

(1)土方工程必须按照有关土方工程施工及验收规范进行施工。加筋土墙体构件包括墙面板、拉筋、帽石、栏杆，如属钢筋混凝土材质的，必须按现行的钢筋混凝土施工及验收规范的规定进行施工。

(2)由于加筋土挡土墙是依靠拉筋与填料之间的摩擦力以维持结构的稳定，因此，确保填土质量是关键。施工中应做好临时排水设施，做到分层填筑，分层碾压，严格质量检查，保证达到设计要求的密实度。填料中遇有大的土块应打碎，以利碾压。施工时如遇雨天或过湿的土壤不得填筑，应及时采取晒干措施或掺生石灰吸水。过干的填料(包括砂性土)，应洒水后碾压。

(3)施工过程中，面板拼装必须严密，防止产生过大的缝隙。同时必须做好墙面板与拉筋之间的连接质量。当采用电焊连接时，应按我国现行的钢筋混凝土工程施工及验收规范的规定进行施工，防止焊缝产生气泡，影响焊接质量。采用螺栓连接时，应注意拧紧。钢筋防腐处

理应按设计图要求制作。

(4)墙面板和拉筋在运输、堆放、安装过程中要注意安全,防止破损。如有损坏,应视其破损程度,采取补救措施,使用时应置于受力较小的部位。破损严重的构件,不得继续使用。搬运钢筋混凝土板拉筋时,应将拉筋侧立,以增大刚度,并按设计吊点位置起吊、搬运和安装,这是防止墙体构件发生断裂的有效措施。

(5)为使墙背反滤层的实际效果良好,防止淤塞,应做到各层反滤层材料筛洗干净,并严格按设计图规定的级配、尺寸和层厚进行施工。

(6)填土路堤内,含水量不断加大,将会降低土体的抗剪强度,是造成路基病害的原因之一,因此,加筋土挡土墙施工前,应做好施工场地的排水系统,防止地表水流入填方区域内。

五、薄壁式挡土墙施工安全技术

(一)薄壁式挡土墙的结构

薄壁式挡土墙主要包括悬臂式挡土墙和扶臂式挡土墙两种。

悬臂式挡土墙由立臂和底板组成,具有三个悬臂,即立臂、趾板和踵板,同时固定在中间夹板上。墙的稳定性依靠墙身自重和踵板上的填土重量来保证,而趾板的设置又显著增加了抗倾覆力矩的力臂,因此结构形式比较经济。为增加挡土墙的抗滑稳定性,减少墙踵板的长度,通常在墙踵板的中部位置设置凸榫。

悬臂式挡土墙构造简单,施工方便,能适应较松软的地基,墙高一般不宜超过 6 m,超过 4 m时,宜在立臂前设置加劲肋。当墙高大于 6～8 m 时,立臂下部的弯矩大,钢筋与混凝土用量剧增,影响这种结构型式的经济效果。此时可在墙的延长方向隔一段距离增设一道肋板(扶臂)连接墙面板及踵板,变成扶臂式挡土墙。扶臂式挡土墙高度不宜大于 10 m。

(二)薄壁式挡土墙施工安全技术

悬臂式与扶臂式挡土墙均应设置伸缩缝,沉降缝、伸缩缝的间距不应大于 20 m。沉降缝、泄水孔的设置与重力式挡土墙的要求相同。

墙身混凝土标号不宜低于 C20,受力钢筋直径不应小于 12 mm。

墙后填土应在墙身混凝土的强度达到设计强度的 70%方可进行。填料应分层夯实,反滤层应在填筑过程中施工。立臂的混凝土是在墙底部分混凝土凝固以后才进行灌注的,因而在立臂底面形成一施工缝,较好办法是把立臂下部几寸高的混凝土与墙底板部分同时灌注。混凝土灌注后,将层面上的残渣除去,并将此层面凿毛。这一小部分立臂可以作为立臂的模板底部定位之用。

凸榫必须按照设计尺寸及位置开挖,并与墙底混凝土一同浇筑。

每段墙的底板、面板和肋的钢筋应一次绑扎。

墙体必须达到设计强度的 70%以上时方可进行墙背填土,并分层填筑、碾压密实。墙背反滤层应随填土同步施工。

六、土钉墙施工安全技术

(1)面开挖应自上而下分层进行,每层开挖的最大高度应与土体的自稳能力相适应,以保持边坡稳定。

(2)施工应符合下列规定:

①应选用对坡面扰动较小的施工机具和施工方法,在开挖中应防止上部和上下层连接处

局部失稳；

②注浆式土钉的钻孔、安装、灌浆应符合相关规程的规定；

③在土层中钻孔时，严禁向孔内灌水，防止塌孔、缩孔。

七、桩板式挡土墙

(1)桩身施工应符合规定。

(2)桩身混凝土达到设计强度后方可进行桩间土体开挖、挡土板安装及墙背填土作业。滑坡地段桩间土体应间隔开挖。

(3)当桩间为土钉墙或喷锚支护时，桩间土体应分层开挖、分层加固；当锚固桩上部设有多排锚索(杆)时，应待上一排锚索(杆)施工完成后，方可开挖下一层的桩前土体。

(4)当锚固桩上端加设锚索(杆)时，应符合预应力锚索(杆)的规定。

【案例】某铁路路堑长 278 m(与公路并行)，开挖深度 4.2 m，采用搅拌桩结合喷锚支护方案，锚杆 2 排，长度为 10～13 m；施工单位实际施工仅 4.2 m；当路堑开挖至 3.8 m 时，邻近公路一侧路堑产生滑塌破坏，导致公路被破坏。幸未有人员伤亡。

八、挡土墙施工安全注意事项

(1)挡土墙施工前，应做好放样工作，切不可因为挡土墙为路基附属工程而麻痹大意，造成挡土墙侵入机车车辆限界，给行车安全带来隐患。

【案例】桩位偏移导致路基工程质量事故

(1)事故概况

DK43＋076～DK43＋178 段路堑挡土墙最高处为 15 m，坡比为 1∶0.25，地质为破碎风化玄武岩堆积体，稳定性极差且裂隙水发育，原设计为 75＃浆砌片石挡墙，后变更为 150＃片石混凝土挡墙。该段路堑土石方开挖于 2000 年 6 月完成，先安排施工 DK43＋114～DK43＋140 段挡墙，于 6 月中旬开始，8 月施工完毕，由于正值雨季，该段成形路堑边坡多次出现滑塌现象。

挡墙施工中，在 DK43＋114～DK43＋140 段挡墙基础开挖完成后，经负责该段的工程师进行放样检查，通知作业工区可以灌注混凝土，因下雨工区没有立即灌注混凝土。当天夜里突降暴雨，路堑边坡又出现滑塌，导致埋设的中线桩移位，第二天工程师直接使用移位后的中线桩重新进行放样检查，而没有从控制网上重新放样，待挡墙灌注到 6 m 左右再进行复测时，发现挡墙向线路左侧偏移约 70 cm。

发现此问题后，项目经理部未向上级、业主和设计单位报告。内部开会决定，DK43＋114～DK43＋140 段路基路抬高 30 cm，按石质路基施工(设计是土质路基)，施工后该段路基面净宽满足石质路基的要求，挡墙出现外凸现象(DK43＋076～DK43＋114 段、DK43＋140～DK43＋178 段按设计的土质路基施工)。

工程交付运营后，管理局看到此段工程，认为此处挡墙有质量问题，挡墙外凸变形，对企业的声誉赞成极坏影响，并影响了投标经营工作。

(2)事故原因

①对该段挡墙放样检查时，在突降暴雨路堑边坡出现滑塌的情况下，没有从控制网上重新放样，是造成此次事故发生的主要原因。

②事故发生后，项目经理部未向上级、业主和设计单位报告，擅自进行了处理，未能控制事

故影响，损坏了企业的声誉，对投标经营工作造成了影响。

③该工程是低造价工程，项目经理部质量意识不强，以修筑合格工程为目标，也未对施工队伍严格管理，是造成此次事故的一个因素。

(2)挡土墙施工时，应随开挖随砌筑，并做好墙后的排水设施，按设计要求及时回填或填筑路堤。

(3)挡土墙基坑开挖时，应根据土质情况，及时做好临时支撑，以防坍塌伤人；基坑周围应设临时排水沟，若有地下水应采取相应的排水疏干措施。

【案例】挡土墙坍塌事故

(1)事故概况

1983 年 12 月 20 日，江西省某市中山西路北侧挡土墙在施工中坍塌，压死民工 11 人。主要责任人基建科干部胡某以重大责任事故罪被判有期徒刑 3 年。

(2)事故经过

1983 年 7 月 27 日，某汽车运输分公司与福建省某县三山工程队翁吉安五小队签订了某市中山西路北侧挡土墙施工合同。汽车运输分公司指派胡某为负责掌握该工程施工进度和检查施工质量的甲方代表。同年 12 月 20 日 11 时许，施工队民工翁某去接水泵电线抽水时，发现土坡地表有断断续续的裂缝，便叫挖沟的全部民工离开了施工地段，并叫小队长翁某观看裂缝，并将裂缝的情况报告了胡某。胡与翁二人进行了现场观察，发现离职工医院 2 m 处确有裂缝，长为 3～4 m，宽 1 mm 左右，后来又到底层出路上观察，未发现土墙断面上有裂缝。这时，胡某见挖土方的民工全部站在出路上，就指着翁某说："这有什么，不会倒塌，你们大惊小怪，胆小鬼，怕死就不要干，结账退场，我有人干。"胡又对副队长薛某说："老薛，你也是大惊小怪，还不赶快下去干。"在胡某的胁迫下，薛某、杨某(已压死)便带头下基槽，随后，其他民工也跟着下去。

接着，胡某叫两民工去量高程，发现靠东头有 2 m 长的基坑离高程还差 35 cm，其余的都已达到设计要求。翁某提出吃过中饭再干，胡某说："基坑挖完回去吃，下午下基础。"翁某见此情况，就跑到基建科向工程师茅某报告，随后茅立即赶到现场，茅观察裂缝后当即对胡说，"这个裂缝很危险，随时有倒塌的可能，要赶快采取加固措施"。胡听后，只叫部分民工去扛木头支撑，没有及时撤离在基槽内施工的民工，致使民工一面支撑加固，一面冒险作业。当扛来的木头支撑到六七根时，土方就塌下来了，11 名民工来不及逃脱而被压死在基槽里。

(3)事故原因

①胡某是一名工人，不熟悉工程安全生产规则，到施工现场后，只知道瞎指挥，抢进度，强迫工人冒险作业，不注意采取安全措施。

②发现问题后措施不力。工程师茅某指出，发现这样的裂缝，说塌就塌，要赶快采取加固措施。胡只指派几名民工扛木头加固，没有让槽内施工的民工撤出，导致墙塌压死的后果。

(4)在岩体破碎或土质松软、有水地段修建挡土墙宜在旱季施工，且基坑开挖面不能太大，也不能暴露太久。一般不允许整段开挖，应按结构要求适当分段，集中施工。每段长度不宜大于 2～4 m，一次开挖各段的总长度，以不超过建筑物总长的 20%～25%为宜，以保证施工人员安全和工程正常开展。

(5)挡土墙端部伸入路堤或嵌入地层部分应与墙体结合，一起砌筑。路堑挡土墙顶面应抹平与边坡相接，其间空隙应予填实并封严。

(6)挡土墙与桥台、隧道洞门连接时，应协调配合施工，必要时应加临时支撑，保证相接填方或地基土层的稳定及施工安全。

(7)人工挖基作业时,从基坑内抛上的土方应边挖边运。用土台分层抛掷传运出土时,台阶宽度不得小于 0.7 m,高度不得大于 1.5 m。基坑上边缘暂时堆放的土方至少应距坑边 0.8 m以外,堆放高度不得超过 1.5 m。

第三节　路基排水设备安全技术

一、路基排水设备施工安全技术

路基要排除地面水和地下水,尤其对于松软的特种土和易软化的岩石路基,更应该做好排水工程,以确保路基边坡和基底的稳定。

二、路基排水的注意事项

(1)路基必须具有良好的排水系统,能迅速排泄最大降雨量时的地面水,并能排除影响路基稳定的地下水,或截流降低地下水位。尤其是对受水浸泡易于松软的特种土和易于软化的岩石路基,更应做好排水工程,以确保路基边坡和基底稳定。

(2)路基排水设施应布置合理,与桥涵、隧道、车站的排水设施相互衔接配合,并有足够的过水能力。

(3)路基排水设备,应考虑农田水利综合利用,不使农田失灌或冲毁。

(4)路基排水要解决好地面水和地下水的排除,通常采用的方法如下:

①地面水的排除。通常采用侧沟、排水沟、天沟、吊沟、跌水等施工方法。选择何种方法,应根据实际情况来确定。但无论采用那种方法排水,其横断面必须要有足够的过水能力,并将水引排至路基以外,防止水流冲刷路基坡面。

②地下水的排除。地下水的排除应根据地下水的类型、含水层埋藏深度、地层的渗透性等条件,选用适当的排水设备。通常,当地下水埋藏浅或无固定含水层时,可采用明沟、排水槽、渗水暗沟等;当地下水埋藏较深或为固定含水层时,应采用渗水隧洞、渗井、渗管或平式钻孔等。采用此方法若需设置检查井时,检查井内应设检查梯,井口应设井盖,深度大于 20 m,应增设护栏等安全设施。

(5)路基防排水工程是铁路工程的重要组成部分,对铁路的运营安全有重大影响,建设各方必须高度重视。

(6)施工前应对施工图进行审核,编制防排水工程专项作业指导书,明确施工技术标准和施工操作程序。

(7)防排水工程的基础应稳定,沟渠边坡必须平整,所用的砂浆、混凝土应采用机械拌和。

(8)排水沟采用混凝土预制构件砌筑时,砌缝砂浆应饱满,沟身不漏水,沟身两侧应回填密实。

(9)渗沟的开挖应自下游向上游进行,应随挖随支撑并迅速回填,防止造成坍塌;支撑渗沟应间隔开挖。

(10)边坡平台截水沟必须引入相邻排水设施,天沟不应向路堑侧沟排水。湿陷性黄土、砂性土以及填土等可能发生不均匀沉降地段的天沟、排水沟应采取防渗和保证基底稳定的措施。

(11)防排水设施应沟底平整、排水畅通,无冲刷和阻水现象。

(12)施工期间应做好防排水工程的成品保护。雨季应加大防排水工程的检查频次,发现隐患及时整改。

第四节　路基加固结构施工安全

一、概　　述

(1)施工前必须详细调查地形地貌,查清裂缝、滑动面、地表和地下水源等情况。在既有线路附近施工时,还应调查行车密度、线路坡度、原填方土质等情况,并制定出安全措施后方准施工。施工时应了解滑动面、裂缝、气象变化情况,及时采取防范措施。

(2)砌筑时脚手架搭、拆的安全要求符合铁道部现行的《铁路房屋建筑施工技术安全规则》的规定。

(3)挡护伸缩缝制作、锚杆挡墙锚定板挡墙的灌注立模、吊装、架设钢丝绳柔性防护网及改河围堰等应遵照铁道部现行的《铁路桥涵施工技术安全规则》执行。

二、挡护工程

(1)施工难度较大的挡护工程必须结合施工现场的实际情况,制定相应的安全措施。

(2)严禁上面砌筑下面勾缝。片石改小工作不得在脚手架上进行。护墙砌筑时,坡脚下严禁站人。

(3)严禁在砌好的坡面上行走,上下必须用爬梯。

(4)砌筑用的片石,最大重量不宜超过 50 kg。

(5)支顶危石悬岩,或采用嵌补综合防护等工点应按专门工点要求,制订相应安全措施进行施工。

(6)喷射混凝土防护岩面时,作业人员必须穿戴劳动保护用品,不得单人作业,并严格按操作顺序施工。工作区域其他人员不得入内。发生故障时,必须先停机后处理。用机械手操作时,悬臂下严禁站人。

(7)坡面锚杆挂网必须设脚手架,严禁攀登锚杆露头。

(8)小锚杆整板式挡墙、悬臂式"L"形挡墙、檐式挡墙、托盘式路肩挡墙、槽形挡墙及其他结构形式的挡护工程,应按各工点要求,制订相应安全措施。

(9)护坡挡墙的提升作业应符合下列要求:

①护墙面坡度在等于及陡于 1∶0.5 时,可采用普通脚手架施工。使用井字架、吊篮提升法时,可按铁道部现行的《铁路房屋建筑施工技术安全规则》的规定执行。

②护墙面坡度缓于 1∶0.5 时,应采用台阶式脚手架施工。当选用爬坡车作提升设备时,其地垄、钢丝绳吊沟等设施应按铁道部现行的《铁路桥涵施工技术安全规则》执行。

③爬坡车轨道铺设必须平顺、牢固,操纵室位置不得与轨道在同一轴线上,并应有良好的瞭望条件。

④使用吊斗提升时,装载物不得超过吊斗帮。

⑤使用平板提升时,平板应设有防护栏杆及停留装置。

三、支撑渗沟

支撑渗沟施工前必须准备好填料,施工后立即回填;开挖深度大于 1.5 m 时必须加设临时支撑;渗沟开挖深入营业线路基坡脚时,线路应设吊轨梁,列车通过时要停止施工。

支撑渗沟开挖深度超过 1.5 m 时，必须加设临时支撑。在路基填方边坡开挖支撑渗沟，当列车通过时应停止工作。渗沟开挖深入到坡脚时，线路应设吊轨梁施工。

支撑渗沟施工，应在准备好填筑材料后再行开挖。挖完后应立即回填，防止雨水浸泡基坑引起塌方，危及人身和行车安全。

四、抗滑挖孔桩

(1)施工前应核查地质资料，制定防止流沙、管涌、有害气体等危及施工安全的预防措施，并应设观察桩，由专人观察滑动情况，若有变动及时通知工作人员撤离现场。

【案例】2005 年 4 月 27 日 17 时 50 分，某桩基础工程，业主非法将桩基础工程分包给一无资质打井队施工，扩孔施工时 17＃灌注桩(孔深 19.3 m)孔内约 16 m 深处发生流沙层坍塌，将正进行扩孔作业的民工刘某埋入流沙中，另两名民工甲、乙下孔抢救，又连续发生坍塌，被埋入土中，18 时 30 分左右将甲、乙救出，经抢救无效死亡，28 日 14 时 40 分左右刘某被救出，已死亡。

(2)抗滑桩作业前应做好下列工作：

①应编制井下作业和撤出人员的应急预案，并进行演练；

②设置对滑坡变形、移动的观测标桩，安排专人监测；

③整平孔口地面并设置地表截、排水、防渗设施和防止坠物的护栏，加筑不低于 0.3 m 高的锁口并加盖；

④雨季施工时，孔口应搭设雨棚，做好锁口。

(3)挖孔桩口必须设有防止地表水和雨水流入的设施。

(4)人员上下可用软梯和其他安全设施。软梯的一侧应设置安全绳。人员上下不得带任何工具材料。孔下放炮时，应先收梯子，防止损坏。

(5)挖孔桩应根据地质条件，经过计算确定，护壁支撑分节高度可为 0.6～2.0 m，挖一节支一节，不应在土石层变化和滑床面处分节。

(6)基坑土由少先吊或 1 t 卷扬机吊起，每次吊起不得超过 0.2 m^3。装载弃土用活底桶作吊斗时，应有双套防开保险装置。吊斗吊出孔口后，孔口应用木板盖严。吊出的弃土，应立即运走。

(7)孔下工作人员不宜超过 2 人，必须戴安全帽。孔下必须设掩避所，当重物起吊时，人员必须躲避。须有起吊联系信号，统一指挥。随时测量孔下 O_2、CO、CO_2、NO、NO_2 及瓦斯含量，超标时应增设通风设施。

(8)孔下爆破，必须经过设计计算，每次放炮需送入孔下的爆破用品不能超量。导火索应有足够长度，能使点炮人员安全撤离。点炮人员上软梯时应腰拴安全绳，孔口必须有人收绳。深孔内爆破，宜用电雷管。

(9)孔下照明必须采用安全电压。

(10)钢筋笼绑扎、吊装除应符合《铁路工程基本作业施工安全技术规程》(TB 10301—2009)第 11 章的相关规定外，还应符合下列规定：

①起吊钢筋笼入孔前，应清理孔口附近的杂物、工具等，起吊过程中钢筋笼不得碰、挂电缆和其他机具；钢筋笼倒伏范围内禁止站人。

②孔内搭接钢筋时，接头不得设在土石分界和滑动面处；钢筋应自下而上顺序绑扎，绑扎时应加设脚手板并系好安全带，不得攀扶钢箍上下。

(11)钢筋进孔必须吊装入内，严禁抛掷。使用废旧钢轨代替钢筋时，应检查钢轨夹板螺栓的紧固程度，按起重安全规则进行操作。钢箍从下向上顺序绑扎，绑扎时应加设脚手板并拴好安全带，严禁攀扶钢箍上下。

(12)灌注混凝土必须用漏斗和导管，严禁向下抛掷。孔口除漏斗位置外，其余必须用木板盖住，防止杂物下落伤人。

(13)安全防护应符合下列规定：

①孔上设专人负责安全监护。对影响范围设置必要的围挡和警示标志。

②孔内应设置爬梯，不得使用麻绳或尼龙绳吊挂，禁止人员脚踏井壁凸缘、攀扶钢筋上下。

③孔内用电应符合《铁路工程基本作业施工安全技术规程》(TB 10301—2009)第 4 章的相关规定，电缆必须有防磨损、防潮等措施。

④作业人员下孔前必须检测井下有害气体，浓度超标或开挖深度超过 10 m时，应向井下送风。

(a)挖孔人员下孔作业前，应先用鼓风机将孔内空气排出更换；

(b)二氧化碳气体含量超过 0.3%时，应采取通风措施。对含量虽不超过规定，但作业员有呼吸不适感觉时，亦应采取通风或换班作业等措施；

(c)空气污染超过三级标准浓度值时，如没有安全可靠的措施不得采取人工挖孔作业；

(d)人工挖孔超过 10 m深，应采用机械通风，并必须有足够保证安全的支护设施及常备的安全梯道。人工挖孔最深不得超过 15 m。

【案例】深圳盐排高速公路施工现场桩井毒气致 4 人死亡重大死亡事故

2004 年 8 月 7 日上午 6 时 30 分，××集团××工程有限公司盐排高速公路第七合同段经理部所属钢筋班的 4 名工人先后到达施工现场作业焊接钢筋，有工人跌落桩孔内，另几名工人进入桩孔内施救，由于桩井内积存大量有毒气体，导致 4 人死亡。根据法医尸检结果和事故调查组的分析推断，事故原因是桩井内积存大量有毒气体。

⑤挖出的土石应及时运离孔口。机动车的通行不得对井壁的安全造成影响。

(14)开挖及支护作业应符合下列规定：

①应分节开挖，按设计要求紧贴围岩浇筑混凝土护壁，浇筑前应清除孔壁上的松动土石。

②不得在土层变化处和滑动面处分节。

③滑动面处的护壁应予加强，承受较大推力的护壁和锁口的混凝土中应增加钢筋。

④开挖应在上一节护壁混凝土拆模后进行。

⑤在围岩松软、破碎和有滑动面的节段，应在护壁内顺滑动方向设置临时横撑加强支护，并经常观察其受力情况，及时进行加固。当发现横撑变形、破损而失效时，孔下作业人员必须立即撤离。

⑥开挖桩群应从两端向滑坡主轴方向隔桩开挖，桩体混凝土浇筑 1 d后方可开挖邻桩。

⑦爆破应采取减振措施并符合现行《爆破安全规程》(GB 6722)的相关规定。

(15)灌注混凝土必须连续进行。

第五节　防护工程施工安全

一、路基防护设备施工安全技术

路基防护应安排在适宜的时间施工，并及时完成。

路基边坡防护设施应在稳定的基脚和坡体上施工，在设有挡土墙或排除地下水设施地段，应先做好挡土墙或排水设施再做防护设施。

防护的坡体表面应先进行处理，并使防护设施与土石坡面密贴，排水畅通。

二、路基防护的注意事项

(1)路基防护一般采用坡面防护、冲刷防护和挡土墙等方法。不管采用何种方法，均应安排在适宜的时间施工，并及时完成，使之起到防护作用。

(2)路基边坡防护设施应在稳定的基脚和坡体上施工。在设有挡土墙或排除地下水设施地段，应先做好挡土墙、排水设施，再作防护。

(3)施工前应对防护的坡体表面进行检查处理，以保证施工安全，并使防护设施与土石坡面密贴牢实，排水畅通。

(4)坡面挂网、喷护作业时，应设置脚手架，不得攀扶锚杆头上下。

(5)操作人员应按规定穿戴防护面具等防护用品。

(6)锚杆施工应符合相关规定。

(7)喷射混凝土应符合下列规定：

①机械设备应布置在安全地带。

②施工中喷嘴前方严禁站人，作业人员应站在已喷射过的支护面一侧。

③处理堵管时，作业人员应紧握喷嘴，防止管道甩动伤人；当管道中有压力时，不得拆卸管接头。

④供风、供水、供料软管不得随地拖拉和折弯。

(8)路基防护工程应符合下列规定：

①应在稳定的路基和坡体上施工，所用的砂浆、混凝土应采用机械拌和。

②路堑开挖后应及时防护。软土、松软土地基的防护工程应在沉降稳定后进行。

③在设有支挡结构物及排水设施地段，应先行施作后再进行防护工程施工。

④膨胀土、湿陷性黄土、粉土等特殊路基边坡，不得采用浆砌片石全封闭坡面护坡。

⑤防护设施应与坡面密贴结合。

三、防护工程砌筑作业安全

(1)边坡防护作业，必须搭设牢固的脚手架。

(2)砌石工程必须自下而上砌筑。片石改小，不得在脚手架上进行。护墙砌筑时，墙下严禁站人。抬运石块上架，跳板应坚固，并设防滑条。

(3)抹面、勾缝作业必须先上后下。严禁在砌筑好的坡面上行走，上下必须用爬梯。架上作业时，架下不准有人操作或停留；不得上面砌筑、下面勾缝。

(4)对路堑边坡进行护砌时，松动的岩石要清除，墙基应埋置在可靠岩层上，必要时可以采取加固或加深措施，坡面有地下水露头时，要做引水设施。

(5)严禁上面砌筑、下面勾缝的重叠作业，施工时坡脚不得站人。

(6)喷射混凝土或沥青对岩面进行防护时，应先清除松动的石块、浮土，对大裂缝、凹坑嵌补；作业人员必须穿戴劳保用品，不得单人作业，并严格按操作顺序施工；非施工人员不得进入工作区域。

(7)坡面锚杆挂网施工必须搭脚手架，严禁攀登锚杆露头。

(8)起重作业要遵守有关的安全规定。

四、砂浆拌合机作业安全

(1)拌合机应安置稳妥,开机前必须确认传动及各部装置牢固可靠,操作灵活。运转中不得用手或木棒等伸进筒内清理筒口的灰浆。

(2)作业中如发生故障,应立即切断电源,并将筒内砂浆倒出。

五、砂浆喷射机作业安全

1. 砂浆输送泵

(1)输送管道各接头应连接牢固,并设有牢固的支撑,尽量减少管道长度和弯管数量,管道上不得加压或悬挂重物;

(2)作业前应空运转,在确认旋转方向正确、电路开关、传动保护装置及料斗滤网齐全可靠后,方可进行作业;

(3)运转正常后,方可向泵内注入砂浆;砂浆泵须连续运转,短时间不用砂浆时,应打开回浆阀使砂浆在泵内循环运行;停机时间较长时,应每隔 3～5 min 泵送一次,使灰浆在管道和泵体内流动,以防凝结、阻塞;

(4)工作中应随时注意压力表指针是否正常,检查球阀、阀座和挤压管有无异常,如发现漏浆应停机修复后方可继续作业;

(5)因故障停机时,应打开泄浆阀使压力下降,然后再排除故障;砂浆泵压力未降到零时,不得拆卸空气室、压力安全阀和管道。

2. 砂浆喷射机

(1)喷射机应保持内部清洁,输送泵和喷射机人员应密切联系,协调配合。

(2)在喷嘴前 5 m 范围内不得站人;工作停歇时,喷嘴不得朝向有人的方向。

(3)输料软管如发生堵塞,可用木棍轻轻敲打外壁,如无效时可在关闭砂浆后拆卸胶管,用压缩空气吹通。

(4)转换作业面时,输料软管不得随地拖拉和弯折。

参考文献

[1] 中铁九局集团有限公司. 铁路工程基本作业施工安全技术规程(TB 10301—2009)[S]. 北京:中国铁道出版社,2009.

[2] 中铁二十一局集团有限公司. 铁路路基工程施工安全技术规程(TB 10302—2009)[S]. 北京:中国铁道出版社,2009.

[3] 中铁十局集团有限公司. 铁路桥涵工程施工安全技术规程(TB 10303—2009)[S]. 北京:中国铁道出版社,2009.

[4] 中铁二局集团有限公司. 铁路隧道工程施工安全技术规程(TB 10304—2009)[S]. 北京:中国铁道出版社,2009.

[5] 中铁一局集团有限公司. 铁路轨道工程施工安全技术规程(TB 10305—2009)[S]. 北京:中国铁道出版社,2009.

[6] 中铁电气化局集团有限公司,中铁六局集团有限公司. 铁路通信、信号、电力、电力牵引供电工程施工安全技术规程(TB 10306—2009)[S]. 北京:中国铁道出版社,2009.

[7] 崔玖江. 盾构隧道施工风险与规避对策[J]. 隧道建设,2009,29(4):377~396.

[8] 李向国,黄守刚,张鑫. 高速铁路施工新技术[M]. 北京:机械工业出版社,2010.